하나님께서 기뻐하시는 교육을 향한 여정

가정과 **자녀**, 교회와 **학교**를 살리는
기독학부모 기도운동 시리즈 2

기독학부모 생기 기도

4·5·6月

기독교학교교육연구소 편
기독학부모운동본부

예영커뮤니케이션

아래의 매일기도는 한날한날 정해진 기도와 함께 매일 기도해 주십시오! 기독학부모가 품에 안고 기도하는 매일의 기도를 하나님은 기뻐하십니다.

매일 기도

- 우리 교회와 교회학교의 교육을 위해서
- 우리 자녀가 다니는 학교, 교사, 친구들을 위해서
- 우리나라의 교육과 기독학부모 운동을 위해서
- 기독교학교교육연구소, 기독학부모운동본부를 위해서

모든 기도를 마친 뒤 오른쪽 손을 왼쪽 가슴에 대고 조용히 기독학부모의 구호를 외쳐 봅니다. 그리고 교육의 희망으로 헌신하기로 다짐해 봅니다.

기독학부모 구호

기독학부모! 교육의 새로운 희망입니다.
나는 기독학부모입니다!
나는 교육의 희망입니다!

이 땅 구석구석에서 교육의 고통이 사라지고
하나님이 기뻐하시는 교육을 이루도록
나의 자녀와 우리의 자녀들이
진정한 변화와 참 성공을 이룰 수 있도록

기꺼이 기도의 시간을 내어 주십시오.
정결한 기도의 제물이 되어 주십시오.
그런 마음을 담아,

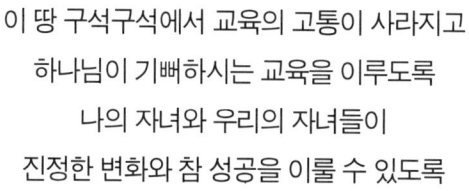 님께

이 기도제단을 선물로 드립니다.

당신의 기도를 통해
하나님의 마음이 뜨거워지고,
하나님의 가슴이 시원해지며,
하나님의 역사가 시작되고,
또한 성취될 것입니다!

기독학부모 기도운동으로의 초대

박상진_기독교학교교육연구소 소장, 장신대 교수

　　기독교학교교육연구소는 하나님께서 기뻐하시는 교육이 이 땅 가운데 펼쳐지기를 기도합니다. 특히 교회의 많은 부모들이 기독학부모로서의 정체성을 지니고 교육회복의 주체로 서기를 소망합니다. 그러나 세속적이고 왜곡된 교육현실을 바꾸기 위해 우리의 실천과 노력도 매우 중요하지만, 그보다 선행되어야 할 것이 있습니다. 바로 먼저 하나님의 나라와 의를 구하면서 간절히 기도하는 것입니다. 그래서 우리는 기독학부모들이 함께 기도하는 '기도운동'을 펼치고자 합니다.

　　기독학부모는 기도하는 학부모입니다. 세속적이고 그릇된 모습의 기도를 드리지 않습니다. 내 자녀만이 아니라 하나님의 자녀들을 위한 기도, 기독교적 인재를 양성하고자 하는 겸손한 무릎의 기도, 이 땅의 교육을 향해 애통함을 지닌 기도, 새로운 교육의 희망으로 나아가는 실천적 걸음의 기도입니다. 이러한 기도는 하나님이 기뻐하시는 두드림이며, 교육의 영역에서 하나님 나라를 확장하는 한 알의 밀알이 됩니다.

본 연구소는 가정과 자녀, 교회와 학교를 살리는 기독학부모 기도운동 시리즈 두 번째, 『생기』를 출간합니다. 이를 위해 신은정 기독학부모 팀장을 비롯해 노현욱, 도혜연 연구원이 큰 수고를 감당했습니다.

또한 가정과 교회, 학교에서 기독학부모를 세우고 있는 18명의 현장 전문가가 함께 집필을 했습니다.

이 『생기』 기도책자를 통해 기독학부모들의 기도운동이 가정과 교회, 또 학교에서 만들어져서 기독학부모들의 기도가 나라 곳곳에 울려 퍼지기를 소망합니다.

생기기도 열 배 활용법

1. 개인 기도 시간에 가정과 자녀, 교회와 학교를 위해 기도할 때 유익하게 활용할 수 있습니다.

2. 개인 큐티와 함께 병행하여 사용하면 더욱 좋습니다.

3. 구역모임 같은 교회 소그룹 모임의 기도 시간에 교육과 관련된 기도를 위해 활용할 수 있습니다.

4. 기독학부모교실이나 기독학부모들의 기도모임에서 분명한 기도 제목으로 기도할 수 있습니다.

5. 교육과 관련하여 무엇을 기도해야 할지 잘 모를 때 본 책자는 체계적인 기도의 길을 보여 줄 것입니다.

6. 본 기도운동 시리즈는 『희망』, 『생기』, 『열정』, 『애통』 총 4권으로, 일 년 365일을 날짜에 맞추어 기도할 수 있도록 만들어졌습니다. 따라서 가능한 매일 기도해 주십시오.

7. 정해진 날 기도를 하지 못했더라도 우선은 넘어가고 날짜에 맞게 기도하는 것이 좋습니다. 특별한 날이나 기간에 맞추어 기도의 내용이 달라지기 때문입니다.

8. 빠진 기도는 한 달이나 한 주에 한 번 적절한 시간을 마련하여 집중기도 형태로 할 수도 있습니다.

9. 스스로를 위한 경건 훈련의 도구로 활용하시면 좋습니다. 제일 앞쪽의 '매일기도', '기독학부모 구호'는 매일 한 뒤, 점검 네모에 표시해 주시면 됩니다.

10. 어떤 기도는 특별한 연령층의 자녀를 위한 것일 수 있습니다. 나의 자녀가 그 연령에 해당하지 않을 때는 그 연령에 해당하는 이 땅의 자녀들을 위해 기도하는 사랑의 중보를 해 주시기 바랍니다.

기도의 선정과 구성

본 생기기도에는 기독학부모가 마땅히 기도해야 할 매일기도와 가정예전을 위한 기도가 포함되어 있습니다. 총 4권으로 개발된 본 기도시리즈의 기도들은 기독학부모운동본부에서 기독학부모의 교육을 위해 사용 중인『기독학부모교실』(예영커뮤니케이션, 2012)의 내용구조를 토대로 하고, 기독학부모들의 필요를 조사하여 8개의 대요목을 정한 뒤, 그것을 70여 개의 중요목으로 구분하고, 다시 365개의 핵심기도제목으로 나누어 만들었습니다. 그리고 별도로 특별 기도를 덧붙였습니다.

1. *기독학부모의 정체성* 기독학부모로서의 바른 정체성을 지니는 것과 애통한 마음으로 품어야 할 이 땅의 교육고통의 문제들과 관련된 기도제목으로 구성하였습니다.

2. *기독학부모의 교육보기* 교회, 가정, 학교, 사회에서 세속적인 인간관과 지식관이 변하여 성경에 토대를 둔 기독교세계관이 되는 것, 각 교과 속에서 하나님의 진리와 뜻을 발견하는 것, 타종교학교와 이단학교에 대한 기도제목으로 구성하였습니다.

3. *기독학부모의 자녀이해* 자녀의 발달을 통합적으로 이해하는 것, 문화 속에서 자녀를 이해하는 것과 관련된 기도제목으로 구성

하였습니다.

4. **여호와 경외교육** 먼저 부모가 여호와 경외의 신앙을 갖고 그 신앙을 자녀에게 전수하는 믿음의 가정이 되는 것, 새터민 및 다문화 가정, 결손 가정, 가정 속 상처 회복을 위한 기도제목으로 구성하였습니다.

5. **기독학부모의 성품교육** 부모와 자녀가 지녀야 할 성령의 열매들과 학교교육에서 잃어버린 인성교육을 위한 기도, 성품의 실천을 위한 기도제목으로 구성하였습니다.

6. **기독학부모의 학업과 은사이해** 기독학부모가 하나님의 뜻 안에서 학업과 은사, 소명과 진로 등에 대한 바른 이해를 가지고 자녀들을 바른 길로 이끌고 교육하는 것, 또 시험에 대한 가치관 및 태도 등과 관련된 기도제목으로 구성하였습니다

7. **기독학부모의 학교보기** 하나님 안에서 기독학부모가 학교/교사와 맺어야 할 바른 관계와 이 땅에서 감당해야 할 빛과 소금의 사명과 기독교학교 및 교목들과 관련된 기도제목으로 구성하였습니다.

8. 기독학부모의 하나님 나라 교육운동 하나님께서 기뻐하시는 교육이 이루어지는 것과 그것을 위해 기독학부모가 펼쳐 가야 하는 운동, 기독교학교 정상화를 위한 기도, 우리나라 교육 관련 부서와 기구 및 국가수준교육정책, 북한의 열악한 교육환경 및 통일교육과 관련된 기도제목으로 구성하였습니다.

9. 기도예전 가정을 거룩한 예배 처소로 만들기 위한 기도들을 특별히 구분하여 모았습니다. 생기기도에도 '시리즈1'인 희망기도와 마찬가지로 '이른 비, 늦은 비 기도'를 통해 매일 자녀의 축복이 이루어지는 곳이 되도록 자료를 첨부하였습니다. 그리고 어린이날, 어버이날, 스승의날에 가정에서 드릴 수 있는 예배안을 제공하였습니다.

하나님의 이끄심이 있는 가정이 되기를 기독학부모는 매일의 삶 속에서 간구하고 실천해야 할 것입니다.

기독학부모 기도운동 시리즈
두 번째 주제는 '**생기**'입니다.
그리고 4월의 묵상 주제는
'**창조세계**'입니다.
기도를 돕는 격언과 말씀은
하나님의 **창조세계**와 관련됩니다.

4월 첫날의 기도

우리 삶에 생기를 부어 주시는 하나님!
온 세상에 봄의 활력이 넘치는 이때, 자연만물 가운데 임하시는 주님의 섬세한 손길에 감사를 드립니다.

자세히 들여다볼 수 있는 예쁜 풀꽃과 목련꽃 그늘 아래서 들려오는 젊은 시인의 노래가 아름답게 느껴지는 4월, 주님을 더욱 깊이 알아가는 우리의 삶이 될 수 있도록 도와주시옵소서.

온 세상 속에 가득한 봄의 활력처럼 교육의 영역에서도 생기 가득한 회복이 일어나게 하옵소서. 꽁꽁 언 땅처럼, 메말라 있는 대지처럼, 생명이 싹틀 수 없는 지경처럼 소망이 보이지 않는 이 땅의 왜곡된 교육현실이 주님께서 부어 주시는 생기로 갈아엎어져서, 새생명이 돋아나는 토양으로 자리 잡게 하옵소서.

학생과 학생이 서로 아껴 주며 우정을 쌓아가게 하시고, 교사와 교사가 서로 협력하는 배움과 나눔의 공동체가 되게 하시며, 학교와 부모가 존중하고 인정하며 소통하는 교육의 주체가 되게 하옵소서. 사회 곳곳에서 교육적이지 못한 문화와 덕스럽지 못한 풍토가 자리 잡지 못하게 하옵소서.

부모와 교사, 사랑하는 우리 아이들이 생기 있는 교육 속에서 웃음 짓게 하옵소서. 4월에 주님이 원하시는 교육으로 한걸음 더 나아가게 하옵소서.

예수님의 이름으로 기도합니다. 아멘.

자연의 수수께끼는 끝이 없다_쾨르너

시험에 대한 바른 가치관을 지니기를 간구하는 기도

자녀들에게 공부할 수 있는 기회와 지혜를 주신 하나님께 감사를 드립니다. 학교와 학원에서 시험을 자주 치르는 자녀가 바르고 건강한 가치관으로 시험에 대면하기를 원합니다. 스스로 공부한 부분을 평가하고 부족한 과목을 향상시키기 위한 시험이 되게 하시며, 열등감이나 우월감, 경쟁의식을 낳지 않게 하옵소서.

매번 시험을 대할 때마다 혹여나 성적에 대한 두려움이 있다면 물리쳐 주시고, 성적이 곧 아이의 가치를 판단하는 기준이 아님을 부모인 저와 자녀가 알게 하옵소서. 또한 시험을 통하여 자신의 부족한 부분을 긍정적으로 바라볼 수 있는 자세를 주옵소서. 또래와 경쟁의식을 갖기보다는 서로 협력하고 공존하는 관계를 배우는 기회로 삼게 하옵소서. 자녀들이 시험을 통하여 정직, 인내, 절제를 배우게 하옵소서.

다음 세대를 이어갈 자녀들이, 시험을 하나님께서 주신 삶의 중요한 과정으로 알고 기도로 준비할 수 있게 하옵소서. 시험이 하나님께서 허락한 인생의 한순간임을 알고, 용기를 갖고 임하게 하옵소서. 예수님의 이름으로 기도합니다. 아멘.

아버지께서 아들을 사랑하사 만물을 다 그의 손에 주셨으니_요 3:35.

오늘의 기도

매일기도 ☐ 학부모구호 ☐

93 4월 3일

예술에는 실수가 있으나 자연에는 실수가 없다_존 드라이덴

학교가 관계성를 배우는 교육의 장이 되길 간구하는 기도

올바른 성품으로 우리 자녀들이 자라나길 원하시는 하나님께 감사를 드립니다. 하나님은 늘 우리와 관계하시며 사랑하기를 원하시는데, 오늘날 우리의 교육은 그렇지 못함을 고백합니다. 학교가 학생들을 서로 사랑하고 올바른 관계를 지니도록 가르치기보다는 서로를 경쟁자로 만들고 적대심을 지니게 하고 있습니다. 주님, 우리의 교육을 불쌍히 여겨 주시옵소서.

하나님, 학교가 친구들끼리 바른 관계를 지니도록 가르치는 교육의 장이 되게 하옵소서. 독불장군처럼 살아가는 법, 유일하게 생존하는 법을 배우는 것이 아니라 선생님과의 건강한 관계를 통하여, 또래와의 건강한 관계를 통하여 공존하고 더불어 살아가는 성품을 갖추게 하여 주시옵소서.

이 땅의 모든 학교가 인성교육에 관심을 가져 자녀들의 성품이 회복되게 하시고, 다른 사람을 이해하고 포용하는 자녀로 자라나게 하옵소서. 우리가 그런 교육을 꿈꾸게 하옵소서. 예수님의 이름으로 기도합니다. 아멘.

> 위로부터 오시는 이는 만물 위에 계시고 땅에서 난 이는 땅에 속하여 땅에 속한 것을 말하느니라 하늘로부터 오시는 이는 만물 위에 계시나니_요 3:31.

오늘의 기도

매일기도 ☐   학부모구호 ☐

94 4월 4일 자연의 걸음걸이에 맞추어라. 자연의 비밀은 인내이다_디즈레일리

부모가 먼저 여호와 경외의 삶을 살기를 간구하는 기도

　우리를 창조하셔서 주님을 바라는 삶을 살게 하신 하나님께 감사를 드립니다. 이 세상의 삶이 불순종으로 향하고 패악한 가운데, 주님을 앙망하는 것이 얼마나 감사한 삶인지요. 하지만 우리가 경건치 못함으로 늘 앞일의 근심에 머물러 있을 때가 많습니다. 저희를 불쌍히 여겨 주시옵소서.

　주님이 주신 귀한 부모의 직분을 수행함에 앞서 기도하는 사람이 되기를 간절히 원합니다. 매일 공급받는 주님의 영의 양식으로 무장하게 하소서. 그리하여 세상의 미혹에 자녀들이 빠지지 않도록 그들을 지킬 힘을 주시옵소서. 주님, 불의의 세력이 판을 치는 이 세상 가운데 부모 된 우리의 하루하루 삶이 주님의 사랑으로 가득 적셔지기를 엎드려 기도합니다. 삶으로 먼저 여호와 경외의 삶을 살아 내어 자녀들이 부모의 삶의 걸음을 보고 따르게 하옵소서. 하나님의 말씀을 기준으로 삼아 살아가게 하시고, 기도로 하나님과 교제하게 하시며, 찬양으로 삶을 올려드리는 부모가 되게 하옵소서. 그리하여 여호와 경외의 은혜가 부모로부터 자녀에게로 흘러가게 하소서. 예수님의 이름으로 기도합니다. 아멘.

> 만물을 그에게 복종하게 하실 때에는 아들 자신도 그 때에 만물을 자기에게 복종하게 하신 이에게 복종하게 되리니 이는 하나님이 만유의 주로서 만유 안에 계시려 하심이라_고전 15:28.

오늘의 기도

매일기도 ☐ 학부모구호 ☐

95 | 4월 5일

자연의 극치는 사랑이다.
사랑으로서만 인간은 자연과 친해질 수 있다_요한 볼프강 폰 괴테

생태의 회복을 위한 기도

태초에 천지를 창조하시고 보시기에 심히 좋았다고 말씀하신 하나님, 저희는 만물의 영장으로서 하나님께서 창조하신 생태계를 귀히 여겼어야 했는데 그러지 못하였습니다. 인위적인 것이 자연스러운 것보다 더 값지다고 착각했지만, 그 결과는 실로 엄청났습니다.

하나님, 우리의 잘못을 용서하여 주시옵소서. 그리고 이제부터라도 생태계를 보전하고 아끼는 일에 최선을 다하게 하옵소서. 무엇보다 자녀들의 교육 현장에서 하나님의 피조세계를 귀히 여기는 교육이 일어나길 소망합니다. 그를 위해 성공과 성장을 외치는 교육에 진지한 성찰이 있게 하옵소서.

교회와 각 가정이 이 일에 연계할 수 있도록 도와주시고, 학교들도 인류의 미래가 걸린 이 일에 관심을 갖게 하옵소서. 교육을 통하여 생태가 회복되며 모든 생태계 가운데 하나님의 생기가 가득 넘치게 하옵소서. 예수님의 이름으로 기도합니다. 아멘.

> 만물이 그에게서 창조되되 하늘과 땅에서 보이는 것들과 보이지 않는 것들과 혹은 왕권들이나 주권들이나 통치자들이나 권세들이나 만물이 다 그로 말미암고 그를 위하여 창조되었고_골 1:16.

오늘의 기도

매일기도 ☐ 학부모구호 ☐

96 4월 6일 어떠한 자연의 속에서도 아름다움을 느끼지 않는 사람은
그 사람의 마음에 결함이 있음을 보여 주는 것이다_프레드리히 폰 실러

먼저 예배에 승리하는 부모가 되도록 간구하는 기도

우리를 예배자로 부르신 하나님께 감사를 드립니다. 하나님을 예배할 때 누리는 기쁨과 감격이 가정 가운데 가득하기를 소망하며 기도합니다. 자녀들에게 예배의 태도와 가치를 가르치기에 앞서 부모인 우리가 먼저 예배에 승리하기를 원합니다.

하나님께서 받으시는 예배가 신령과 진정으로 드리는 예배임에도 우리는 예배에 의무적으로 나갔고 그 자리를 형식적으로 기억하였습니다. 진실하지 못한 삶으로 예배의 자리에 나간 우리를 긍휼히 여겨 주시옵소서. 아벨이 가장 귀한 것으로, 가장 귀한 믿음으로 하나님 앞에 나아가 예배드린 것처럼 우리도 가장 귀한 것으로, 가장 귀한 믿음으로 예배에 나아가게 하옵소서.

그래서 하나님께서 들려주시는 말씀의 이야기가 자녀에게까지 흘러가게 하옵소서. 하나님의 회복의 생기가 가정 가운데 가득 넘치게 하옵소서. 하나님의 은혜를 기억하는 부모를 통하여 자녀가 자연스럽게 하나님 중심의 삶을 기억하게 하옵소서. 예수님의 이름으로 기도합니다. 아멘.

> 만물이 그로 말미암아 지은 바 되었으니 지은 것이 하나도 그가 없이는 된 것이 없느니라_요 1:3.

오늘의 기도

매일기도 ☐ 학부모구호 ☐

97 4월 7일 자연적이 아닌 것은 모두 불완전한 것이다_나폴레옹 보나파르트

기독교대안학교의 '기독성' 회복을 위한 기도

기독교대안학교를 세우신 하나님, 우리나라의 기독교대안학교를 위해 기도하게 하시니 감사합니다. 특별히 각 학교들이 더욱 기독교적인 교육을 견고히 확립하게 하옵소서.

교과와 교실에서 하나님을 배제한 채 인본주의로 흐르고 있는 공교육과 달리, 성경을 바탕으로 한 하나님 중심 교육을 펼치기 위해 세운 기독교대안학교를 붙드셔서 기독교적 가르침이 풍성하게 하옵소서.

모든 수업과 교육과정을 통해 하나님께서 만물을 창조하심을 믿고, 만물의 주인이시며, 지금도 만물 가운데 역사하고 계심을 깨닫게 하옵소서. 또한 행정 및 운영, 교육과정 등 기독교대안학교의 모든 것이 하나님의 주권 아래 있음을 깨닫게 하시고, 주님이 친히 인도하여 주시옵소서. 또한 하나님과 이웃을 사랑하는 삶을 배우고, 긍휼의 마음을 지니고 학교의 사명에 따라 섬김을 실천하게 하옵소서.

기독교대안학교가 그리스도 제자로서의 삶을 배우는 장이 되기를 원합니다. 예수님의 이름으로 기도합니다. 아멘.

> 우리 주 하나님이여 영광과 존귀와 권능을 받으시는 것이 합당하오니 주께서 만물을 지으신지라 만물이 주의 뜻대로 있었고 또 지으심을 받았나이다 하더라
> _계 4:11.

오늘의 기도

매일기도 ☐ 학부모구호 ☐

 4월 8일

자연의 진실과 단순은
언제나 중요한 예술의 궁극적인 기초였다_막스 에른스트

자녀가 시험을 대하는 바른 태도를 지니길 바라는 기도

시험에 대하는 태도를 부모와 자녀에게 심어 주신 하나님께 감사를 드립니다. 시험을 앞둔 자녀가 초조해하거나 조급해하지 않기를 원합니다. 의연하게 그것을 바라보게 하시고, 담대하게 준비하게 하옵소서.

특별히 벼락치기와 같은 단기간의 공부로 좋은 성과를 내는 것에 초점을 맞추지 말게 하시고, 한 단계 한 단계 차분히 공부하여 긴 인생을 바라보며 준비하게 하옵소서. 시험의 현장에서도 정직하게 시험에 임할 수 있기를 원합니다. 부정행위의 유혹으로부터 지켜 주셔서 하나님의 방법대로 공정하게 시험을 대하게 하옵소서.

또한 공부하는 것만큼 결과가 나오게 하셔서 하나님은 심은 대로 거두시는 분임을 잊지 말게 하옵소서. 부모인 우리 또한 성적으로 자녀를 평가하지 말게 하시고, 최고보다 최선을 요구하게 하옵소서. 예수님의 이름으로 기도합니다. 아멘.

> 그러나 우리에게는 한 하나님 곧 아버지가 계시니 만물이 그에게서 났고 우리도 그를 위하여 있고 또한 한 주 예수 그리스도께서 계시니 만물이 그로 말미암고 우리도 그로 말미암아 있느니라_고전 8:6.

오늘의 기도

매일기도 ☐ 학부모구호 ☐

우리들은 자연으로 둘러싸여 있으며, 그 속에 파묻혀 있다_요한 볼프강 폰 괴테

긍휼 교육의 회복을 위한 기도

이 땅의 교회와 기독교학교를 중심으로 소외된 이들을 위한 긍휼 사역과 긍휼 교육이 이루어지게 하신 하나님께 감사를 드립니다. 하지만 여전히 많은 학교에서 아이들이 소외와 억압으로 고통받고 있어서 하나님의 긍휼이 필요한 학생들이 많이 있습니다. 또한 학생들이 살아갈 세상에도 하나님의 긍휼이 필요한 사람들이 많습니다.

하나님, 이 땅의 교육을 고쳐 주옵소서. 학교마다 학생들을 위한 긍휼이 실천될 뿐만 아니라, 세상을 위해 긍휼을 흘려보내는 학생들이 길러지는 교육이 이루어지게 하옵소서. 교육의 현장에서 학생들이 사랑과 도움이 필요한 이들을 돌볼 줄 아는 사람들로 자라게 하시고, 사랑과 긍휼로 이 세상의 상처를 치유할 수 있다는 하나님의 긍휼을 배우게 하옵소서. 긍휼 교육을 통해 학교뿐 아니라 가정과 사회도 회복되고 힘을 얻게 하옵소서.

학교뿐만 아니라 가정과 교회에서도 하나님의 사랑과 긍휼을 알고 실천하는 우리 자녀들을 양육할 수 있게 하옵소서. 예수님의 이름으로 기도합니다.

> 만물을 그 발 아래에 복종하게 하셨느니라 하였으니 만물로 그에게 복종하게 하셨은즉 복종하지 않은 것이 하나도 없어야 하겠으나 지금 우리가 만물이 아직 그에게 복종하고 있는 것을 보지 못하고_히 2:8.

오늘의 기도

매일기도 □ 학부모구호 □

4월 10일   자연은 복종하지 않고서는 정복할 수 없는 것이다._P. 베이컨

기독학부모운동이 일어나길 구하는 기도

교육의 주체로 부모를 세워 주신 하나님, 대부분의 한국교회 성도들이 학부모이지만, '기독학부모'로서 자기 정체성을 갖고 그 역할과 책임을 잘 감당하지 못하는 상황에 놓여 있습니다. 우리 자녀의 교육 현장 가운데 관심을 갖고 참여하면서 하나님 나라의 일꾼으로 양성될 수 있도록 앞서는 일에 헌신하고 있지 못합니다. 부모들이 '내 자녀'에게만 집중하면서 교회 안에서도 과열 입시경쟁, 명문대 지향, 왜곡된 성공주의가 엄연히 자리 잡고 있습니다. 그 속에서 교육의 아픔과 고통은 갈수록 커지고 있습니다.

주님, 이러한 풍토 속에서 신앙교육 및 학교교육 전반에 주님의 교육이 자리 잡도록, 하나님께서 기뻐하시는 교육에 생기가 피어나도록 나설 사람은 기독학부모임을 고백합니다. 개인적인 차원에서 기독학부모 역할을 감당하는 것뿐만 아니라 한국교회의 학부모를 일깨워 공동체적인 기독학부모운동이 일어나게 하옵소서. 그리하여 교육의 영역에서 기독교적인 영향력을 발휘하여 하나님 나라가 확장되게 하옵소서. 예수님의 이름으로 기도합니다. 아멘.

    집마다 지은 이가 있으니 만물을 지으신 이는 하나님이시라_히 3:4.

오늘의 기도

매일기도 ☐   학부모구호 ☐

101 4월 11일

> 인간은 본래 선한 존재이다.
> 자연 그대로의 상태는 선한 것이다 _요한 볼프강 폰 괴테

조기 유학과 분리된 가정을 위한 기도

하나님, 우리에게 가정을 주시고 부모가 자녀를 가르치는 데 관심을 갖게 하심을 감사합니다. 그러나 함께 살면서 행복을 누리고 올바른 교육이 이루어져야 할 가정이 해외 유학과 조기 유학으로 갈등과 아픔을 겪고 있습니다.

하나님, 때때로 부모된 우리는 잘못된 욕심으로 인해 유학에 집착합니다. 혹은 우리 교육 현실에 적응하지 못해 어쩔 수 없이 유학을 택하기도 합니다. 부모와 자녀가 함께 살지 못한 채 기러기 아빠들은 외로움을 겪고, 엄마와 자녀들은 낯선 외국 환경에 적응하느라 심신이 곤고합니다.

하나님, 부모의 어두운 욕심과 불안한 마음을 이길 수 있는 용기와 모든 상황 속에서 하나님을 경외하고 의지하는 믿음을 주옵소서. 해외 유학 중에 있는 엄마와 자녀들이 힘들고 어려운 상황 가운데에도 하나님께서 기뻐하시는 참 교육의 길을 가게 하시고, 기러기 아빠에게도 위로를 더하사 생기를 지니고 가족을 위해 기도하며 살아가게 하옵소서. 예수님의 이름으로 기도합니다. 아멘.

> 그의 십자가의 피로 화평을 이루사 만물 곧 땅에 있는 것들이나 하늘에 있는 것이 그로 말미암아 자기와 화목하게 되기를 기뻐하심이라_골 1:20.

오늘의 기도

매일기도 ☐   학부모구호 ☐

4월 12일   자연에 우울한 것이라고는 하나도 없다_S.T. 콜리지

공존하는 세상을 위한 기도

진정한 사랑이 무엇인지 우리에게 가르쳐 주신 하나님, 사랑은 나의 행복보다 남이 행복할 수 있도록 스스로 희생을 감수하는 것이라 말씀하셨는데, 우리들은 나의 행복을 위해 남을 희생시킬 때가 많았습니다. 자녀들을 교육하면서도 베푸는 사람이기보다는 손해 보지 않는 사람이 되기를 원했던 것은 아닌지 되돌아봅니다.

하나님, 우리의 교육에 주님의 자비를 베풀어 주옵소서. 나만 좋으면 그만이라는 식의 세속적 논리를 거부하고 다른 사람들과 더불어 하나님 나라를 함께 만들어서 다음세대를 가르칠 수 있도록 하옵소서. 뿐만 아니라 교회와 가정의 어른들이 자녀들에게 좋은 모델이 되게 하옵소서.

교회와 기독학부모의 가정 그리고 학교에서 이웃과 더불어 살아가는 훈련과 가르침이 지금보다 더할 수 있도록 도와주시고, 특별히 자녀들이 가장 많은 시간을 보내는 학교에서 남과 평화를 이루며 공존하는 세상을 만들어 나가는 법을 터득할 수 있게 하옵소서. 예수님의 이름으로 기도합니다. 아멘.

> 조상들도 그들의 것이요 육신으로 하면 그리스도가 그들에게서 나셨으니 그는 만물 위에 계셔서 세세에 찬양을 받으실 하나님이시니라 아멘_롬 9:5.

오늘의 기도

매일기도 □ 학부모구호 □

103 4월 13일

자연은 사랑과 생명으로 가득 차 있다 _조지고든 바이런

사회-심리발달을 위한 기도_학령기 前 아동의 주도성

어린 자녀를 이만큼 성장시키신 하나님께 감사를 드립니다. 젖먹이였던 아이가 이제는 제법 자신의 의사를 표현하는 모습을 보니 기쁨이 가득합니다. 하나님께서 이제 스스로 자녀가 행동하도록 성장시켜 주셨으니 부모인 저희가 새로운 것을 계획하고 시도하는 자녀를 보면서 가능성을 발견하게 하옵소서.

특별히 다른 사람의 입장에서 생각하고 수용하는 능력이 생기는 이 시기에 자녀가 나보다 다른 사람을 더욱 사랑하는 마음이 커지길 소망합니다. 친구와 함께 교제하는 시간을 통하여 누군가와 협력하여 사는 법을 배우게 하시고, 가정 안에서 자녀가 스스로 무엇인가를 하고자 하는 주도성을 잘 습득하도록 부모인 우리가 환경을 잘 조성하게 하옵소서.

지금 자녀가 겪어야 할 발달단계를 건강하게 보내어 또 다른 단계로 나아가는 과업을 잘 소화하게 하시고, 부모인 저희가 자녀의 삶을 잘 안내하고 조력하는 자가 되게 지혜를 더하여 주옵소서. 예수님의 이름으로 기도합니다. 아멘.

> 천지가 주의 규례들대로 오늘까지 있음은 만물이 주의 종이 된 까닭이니이다
> _시 119:91.

오늘의 기도

매일기도 □ 학부모구호 □

104 4월 14일　　배우려고 하는 학생은 부끄러워해서는 안 된다_랍비 히레르

가정예배가 정착되고 번져 가기를 간구하는 기도

　우리 가정의 주인 되신 하나님께 감사를 드립니다. 하나님께서 세워 주시고 만들어 주신 이 가정이 온전히 주님만을 기억하며 예배하기를 원합니다. 가정 안에 신앙의 문화, 예배의 문화가 정착되어 자녀가 좋은 신앙의 습관을 형성할 수 있기를 소망합니다.

　특별히 시간을 정하여 드리는 가정예배가 잘 정착하게 도와주시옵소서. 가정예배의 중요성과 소중함을 알지만 결단하여 드리지 못하였던 점을 용서하여 주시고, 우리의 연약함을 도우사 온 구성원이 결단하여 가정예배에 동참하게 하옵소서. 부모가 들려주는 말씀을 통하여 하나님의 권위가 회복되게 하시고, 자녀가 드리는 기도와 찬양으로 말미암아 가정예배가 소통하는 자리가 되게 하옵소서.

　기독학부모의 가정마다 예배의 자리가 회복되기를 원합니다. 모든 가정 안에 예배가 정착되고, 살아나고, 번져 가도록 인도하옵소서. 가정의 회복이 예배로부터 시작할 수 있도록 인도하옵소서. 예수님의 이름으로 기도합니다. 아멘.

> 여호와는 천지와 바다와 그 중의 만물을 지으시며 영원히 진실함을 지키시며
> _시 146:6.

오늘의 기도

매일기도 ☐　학부모구호 ☐

105 | 4월 15일 — 공부를 잘한 사람만이 사회에서 성공하는 것은 아니다. 배운 것을 응용할 줄 알아야 한다 _손자병법

기독교대안학교의 '대안성' 회복을 위한 기도

기독교대안학교가 이 시대 교육의 진정한 대안을 제시하길 원하시는 하나님, 기독교대안학교가 이 땅에서 대안적인 교육의 길을 올곧게 걸어가게 하옵소서.

영성을 추구하는 교육을 통해 자녀들이 주님 앞에서 바른 자아를 찾고 하나님과 세상을 향해 어떻게 살아갈지를 결단하게 하옵소서. 공동체 교육을 통해 개인적이고 이기적인 본성에서 벗어나 이웃을 귀히 여기면서 함께 더불어 살아가는 기쁨을 알게 하옵소서. 교사와 교사가, 학생과 학생이, 교사와 학부모가 서로 소통하면서 배움과 나눔의 건전한 공동체를 이루게 하옵소서. 신앙과 학업이 연계되는 교육을 통해 모든 지식을 문자로만이 아닌 믿음과 삶으로 깨달아 배움의 기쁨을 알고, 성적이 아닌 각자의 은사와 소명에 따라 자라나게 하옵소서.

왜곡된 교육현실 속에서 기독교대안학교가 빛과 소금이 되어 교육에 있어 선한 영향력을 끼치기를 소망합니다. 예수님 이름으로 기도합니다. 아멘.

> 그들을 주신 내 아버지는 만물보다 크시매 아무도 아버지 손에서 빼앗을 수 없느니라_요 10:29.

오늘의 기도

매일기도 ☐ 학부모구호 ☐

106　4월 16일
오직 남들을 위하여 산 인생만이 가치 있는 것이다._A. 아인슈타인

중간고사를 앞둔 자녀를 위한 기도

살아 계신 하나님, 중간고사를 앞둔 자녀들을 위해 기도합니다. 새로운 학기 동안 자녀들을 지켜 주시고, 학업 가운데 지혜와 지식이 성장하게 하여 주심에 감사를 드립니다. 중간고사를 충실히 준비하게 하옵소서. 하나님께서 주신 지혜로 배운 것을 잘 정리하고 어려운 문제들을 잘 풀어 갈 수 있는 집중력도 허락하여 주옵소서. 중간고사 전날 밤에 깊은 잠을 자게 해 주시고 시험 보는 당일에 평안한 맘을 허락하여 주셔서 침착하고 차분하게 시험을 볼 수 있게 하옵소서.

시험 문제를 잘 읽어서 핵심을 정확하게 파악하고 자신이 준비한 것을 기억해 내서 답을 써 나가게 해 주시고, 자녀들이 시험 치르는 마지막 시간까지 포기하지 않고 최선을 다하게 하옵소서.

중간고사를 통하여 자신의 부족한 부분과 역량을 발견하게 하시고, 기쁨으로 그것들을 채울 수 있는 믿음 또한 허락하여 주시옵소서. 자녀들이 준비한 노력에 최선의 결과가 나오도록 인도하시는 예수님의 이름으로 기도합니다. 아멘.

> 하늘과 모든 하늘의 하늘과 땅과 그 위의 만물은 본래 네 하나님 여호와께 속한 것이로되_신 10:14.

오늘의 기도

매일기도 ☐　학부모구호 ☐

107 | 4월 17일

> 이것을 아는 자는 이것을 좋아하는 자에게 미치지 못하고 이것을 좋아하는 자는 이것을 즐기는 자에게 미치지 못하느니라_논어

사회-심리발달을 위한 기도_학령기 아동의 성실성

하나님 아버지, 사랑하는 자녀들이 초등학생이 되면서 자신이 맡은 일에 책임을 다하는 성실한 아이로 자라나길 원합니다. 부모인 우리가 자녀의 성적 향상에만 관심을 두지 않게 하시고, 마땅히 초등학생 때 갖추어야 할 성실함과 책임감에 관심을 두어 결과보다 과정을 보고 칭찬하게 하옵소서. 등교시간을 확인하고 제시간에 도착하는 것, 숙제를 스스로 해 나가고 준비물을 챙기는 것부터 성실하게 해 나가게 하옵소서.

때로는 결과가 만족스럽지 못하여 자녀들의 노력을 생각하지 못하고 다그쳤음을 용서하여 주시옵소서. 저의 말로 자녀에게 열등감을 느끼게 한 것을 용서하여 주시옵소서. 혹, 학교에서 선생님이나 친구들에게 부정적인 비교를 당하여 자신감이 떨어지지 않도록 도와주시고, 하나님을 경외함으로써 사람이 보든지 보지 않든지 성실하고 정직하게 행하도록 해 주소서.

건강한 성실함이 형성되어 하나님과 이웃을 위하여 기도하는 자녀로 자라나게 하옵소서. 예수님의 이름으로 기도합니다. 아멘.

> 이는 만물이 주에게서 나오고 주로 말미암고 주에게로 돌아감이라 그에게 영광이 세세에 있을지어다 아멘_롬 11:36.

오늘의 기도

매일기도 □   학부모구호 □

108 **4월 18일** 쉬운 길, 편안한 길로 가는 사람은 성공의 묘미를 못 느낀다.
어려움 없이 성취되는 것은 하나도 없다 _ 노만 V. 필

가정 속에 기도의 문화가 정착되기를 간구하는 기도

　하나님, 우리 가정이 기도하는 가정이 되기를 원합니다. 기쁠 때든지 슬플 때든지 감사할 때든지 원망이 앞설 때든지, 늘 무릎으로 주님 앞에 엎드리길 소망합니다. 기도 외에 다른 방법이 없음을 알면서도 그 자리를 외면하는 부모인 저희들과 자녀들을 불쌍히 여겨 주시옵소서.

　기도하는 가정을 꿈꾸면서 기도 처소를 마련하게 하옵소서. 그곳에서 먼저 기도하는 부모의 모습을 통하여 자녀가 기도를 배우게 하옵소서. 또한 우리 가정이 시간을 정하여 기도하게 하옵소서. 가정의 기도제목을 나누고 정리하여 붙인 후에 함께 기도할 수 있는 시간을 갖음으로써 서로를 위한 중보가 끊이지 않게 하옵소서. 기도의 물결이 자녀의 삶 속에 귀한 유산으로 남아 자녀가 언젠가 부딪힐 난관과 어려움 속에서 그 열매를 꽃피우게 하옵소서. 자녀에게 손을 얹고 기도하는 우리의 손길 위에 하나님의 은혜가 늘 넘치게 하옵소서.

　기도의 문화가 꽃 피워 우리 가정 안에 하나님의 생기가 가득하게 하시고, 들불처럼 번져 한국의 모든 가정을 살리는 기도운동이 되게 하옵소서. 예수님의 이름으로 기도합니다. 아멘.

> 우주와 그 가운데 있는 만물을 지으신 하나님께서는 천지의 주재시니 손으로 지은 전에 계시지 아니하시고_행 17:24.

오늘의 기도

매일기도 ☐　학부모구호 ☐

 **4월 19일**   굳은 결심은 가장 유용한 지식이다_나폴레옹 보나파르트

신실함의 성품을 위한 기도

사람이 자기의 길을 계획할지라도 그 걸음을 인도하여 주시는 하나님 아버지, 우리의 모든 행사를 주님께 맡깁니다. 주님께서 경영하시고 이루실 것을 믿습니다. 하나님께서 신실하게 우리의 평생을 이끄신 것처럼 자녀들 또한 그러하길 원합니다. 무엇보다 하나님을 신실하게 붙드는 자녀가 되게 하옵소서.

자녀들이 예수 그리스도 안에서 함께 자라나길 원합니다. 먼저 자신을 온전히 드리며 절대적으로 주님의 것이 되길 원합니다. 예수님의 성품을 본받아 신실함으로 자신의 삶에서 하나님 나라를 이루기 위해 훈련받는 것에 성실하게 하옵소서. 환난 속에서도 흔들리지 않는 우직한 충성심을 허락하옵소서.

달란트를 받은 종이 신실하게 주인에게 충성함으로 갑절의 달란트를 남긴 것처럼 자녀들 또한 하나님께 받은 사명을 끝까지 붙들고 신실하게 믿음으로 나아가게 하옵소서. 자녀들의 삶 속에서 신실한 모습을 통하여 주님을 모르는 자들이 하나님을 만날 줄 믿습니다. 예수님의 이름으로 기도합니다. 아멘.

> 그들이 듣고 한마음으로 하나님께 소리를 높여 이르되 대주재여 천지와 바다와 그 가운데 만물을 지은 이시요_행 4:24.

오늘의 기도

매일기도 ☐ 학부모구호 ☐

그대의 가치는
그대가 품고 있는 이상에 의해 결정된다_발타자르 그라시안

성취지향의 문화를 애통해하는 기도

전인적인 존재로 인간을 지으시고 균형 있게 성장해 가는 것을 기뻐하시는 하나님, 오늘날의 교육은 성적지상주의, 성취지향주의로 치우치고 있습니다. 하나님, 이런 교육 현실에 대해 애통해하는 마음을 주옵소서.

그리스도인 부모임에도 주위 부모와 사회 분위기에 휩쓸려 성적으로 아이의 가능성을 평가하고, 심지어 다른 아이들과 비교하여 성적이 뒤처지면 열등감을, 앞서면 우월감을 갖고 자랑하기까지 하는 그런 모습이 있었음을 고백합니다.

자녀가 다니는 학교나 성적에 따라 아이를 평가하는 잘못을 범하지 않도록 도와주시고, 지나친 경쟁의식으로 성적과 등수, 명문 학교를 앞세우는 문화가 점차 근절될 수 있게 회복시켜 주시옵소서. 아이를 인격적으로 대하고 성적에 관계없이 있는 모습 그대로를 사랑하는 교육이 되게 하시고, 하나님의 성품이 반영되어 기독교교육 안에 하나님의 생기가 가득하게 하옵소서. 예수님의 이름으로 기도합니다. 아멘.

> 지으신 것이 하나도 그 앞에 나타나지 않음이 없고 우리의 결산을 받으실 이의 눈 앞에 만물이 벌거벗은 것 같이 드러나느니라_히 4:13.

오늘의 기도

매일기도 ☐ 학부모구호 ☐

 4월 21일

읽고 또 읽어라.
그것이 인생의 어딘가에 도달하는 방법이다_커트 슈미트

학업 스트레스에 잘 대처하는 부모가 되길 바라는 기도

우리를 학업의 염려 가운데서 자유하게 하시는 하나님, 감사합니다. 오늘날의 교육은 입시를 준비하기 위해 유아기부터 학업을 해야 하는 현실에 있음을 고백합니다. 오랜 기간 지속되는 학업 스트레스와 적절한 해소법 없이 악순환되는 삶의 쳇바퀴 한가운데 있는 우리의 자녀를 긍휼히 여겨 주시옵소서.

하나님, 이러한 자녀들의 스트레스와 부적절한 해소법으로 또한 자녀들의 인성과 잘못된 습관으로 우리 사회와 교육뿐 아니라 자녀들도 황폐해져 가고 있습니다. 스트레스를 받는 자녀들에게 우리 기독학부모들이 하나님을 신뢰하는 모습을 보이지 못하고 함께 스트스를 받았음을 고백합니다. 우리를 긍휼히 여겨 주옵소서.

이제는 기독학부모들이 학업의 결과로 자녀들을 평가하는 것이 아니라, 믿음의 눈으로 바라보아 학업의 스트레스로 얼룩진 자녀들에게 여유 있는 마음과 행동을 보일 수 있게 하여 주시옵소서. 그리하여 자녀들의 학업 스트레스를 지혜롭게 풀 수 있도록 지도하는 기독학부모가 되게 하소서. 예수님의 이름으로 기도합니다. 아멘.

> 또 무엇이 부족한 것처럼 사람의 손으로 섬김을 받으시는 것이 아니니 이는 만민에게 생명과 호흡과 만물을 친히 주시는 이심이라_행 17:25.

오늘의 기도

매일기도 ☐ 학부모구호 ☐

112 4월 22일   고생 없이 얻을 수 있는 진실로 귀중한 것은 하나도 없다_T. A. 에디슨

기독학부모운동의 전략을 위한 기도

우리를 공동체로 불러 주신 하나님, 기독학부모들이 개인적으로 바른 역할을 하는 것뿐 아니라 공동체적 차원에서의 헌신으로 현장을 변화시키게 하옵소서.

먼저 기도하는 기독학부모가 되어 '내 자녀'는 물론 지역 교회와 학교를 위해서, 한국교육의 갱신을 위해서 기도하게 하옵소서. 가정과 교회, 학교마다 기도모임이 구성되게 하옵소서. 교사와 함께 학생들을 돌보면서 학원선교의 중요한 사역을 감당하게 하옵소서. 그리고 교회와 학교에 기독학부모들을 세우는 교육과정이 잘 구성되어서 스스로 참여하고 교육받을 수 있는 통로가 마련되게 하옵소서.

교육계의 신음소리에 대해 하나님의 음성을 듣는 건강한 기독학부모들이 일어나 한국교회의 견실한 기독학부모단체로 자라나게 하옵소서. 그리하여 이 땅에 예수 그리스도께서 원하시는 교육의 생기가 회복되게 하옵소서. 예수님의 이름으로 기도합니다. 아멘.

> 부와 귀가 주께로 말미암고 또 주는 만물의 주재가 되사 손에 권세와 능력이 있사오니 모든 사람을 크게 하심과 강하게 하심이 주의 손에 있나이다_대상 29:12.

오늘의 기도

매일기도 □   학부모구호 □

> 보고 이해하는 기쁨은
> 자연이 인간에게 준 가장 위대한 선물이다_A. 아인슈타인

중도탈락자 학생을 위한 기도

우리에게 교육의 터전인 학교를 주시고, 학교라는 울타리에서 다양한 배움과 만남을 통해 삶을 풍성하게 해 주신 하나님께 감사를 드립니다.

그러나 해마다 학교생활에 적응하지 못한 채 중도탈락하는 학생들이 늘어가고 있습니다. 학업의 무게를 견디지 못하고, 친구들과의 관계에 적응하지 못하고, 혹은 잘못된 유혹의 손길에 휩쓸려 아이들이 학교를 떠납니다. 그동안 내 자식에게만 관심을 갖느라 우리의 잃어버린 아이들의 삶에 무관심했던 것을 용서해 주옵소서.

더 이상 학교를 떠나 방황하는 아이들이 생기지 않기를 소원합니다. 모든 하나님의 자녀들이 학교에 잘 적응하고 생기 있는 학교생활을 할 수 있도록 도와주옵소서. 혹여 학교를 떠나 막막한 삶의 현실과 마주한 아이들이 있다면 그들을 지켜 주시고, 그들이 잘못된 길로 가지 않도록 굽어 살피소서. 예수님의 이름으로 기도합니다. 아멘.

> 오직 주는 여호와시라 하늘과 하늘들의 하늘과 일월 성신과 땅과 땅 위의 만물과 바다와 그 가운데 모든 것을 지으시고 다 보존하시오니 모든 천군이 주께 경배하나이다_느 9:6.

오늘의 기도

매일기도 ☐ 학부모구호 ☐

114 4월 24일

모든 식물은 우리의 형제 자매이다.
우리가 귀 기울이면 식물들은 우리에게 말을 걸고,
우리는 그것을 들을 수 있다_아라파호족 격언

하나님의 창조를 보존하는 교육을 위한 기도

우리를 창조하시며 생육하고 번성하라고 말씀하신 하나님, 하나님의 창조를 저희들이 잘 보존하고 그 창조와 더불어 어떻게 공존할 수 있을지를 고민했어야 했는데, 저희들은 세상의 가치에 잠식되어 더 높아지고 더 편해지고 더 부유해지는 것에만 초점을 두었습니다. 그 결과 저희들에게 주신 그 아름다운 창조의 질서가 망가지고 말았습니다.

하나님, 우리에게 주신 창조의 질서를 다시 회복시켜 주시옵소서. 예수 그리스도 안에서 근본적으로 우리의 인생을 다시 세워 나가는 믿는 자들을 통하여 하나님의 창조가 다시 회복되게 하옵소서. 교육의 현장에서도 근본적으로 우리에게 질문을 걸어오시는 예수님의 말씀이 다루어지게 하옵소서.

동시대에 공존케 하신 교회와 가정, 그리고 학교가 우리가 겪고 있는 많은 문제의 답이 되어 줄 하나님의 창조를 회복하는 일에 관심을 두게 하시며, 실제로 그러한 교육이 이루어지게 하옵소서. 예수님의 이름으로 기도합니다. 아멘.

> 여호와여 위대하심과 권능과 영광과 승리와 위엄이 다 주께 속하였사오니 천지에 있는 것이 다 주의 것이로소이다 여호와여 주권도 주께 속하였사오니 주는 높으사 만물의 머리이심이니이다_대상 29:11.

오늘의 기도

매일기도 □ 학부모구호 □

115 4월 25일

> 교사의 임무는 독창적인 표현과
> 지식의 희열을 불러일으켜 주는 일이다._A. 아인슈타인

사회-심리발달을 위한 기도_청소년기의 정체성

자녀의 삶에서 귀한 시기를 맞이하게 하신 하나님께 감사를 드립니다. 사춘기에 접어든 자녀가 감정 기복이 크고 부모와 부딪힐 때도 있었음을 고백합니다. 자녀가 또 다른 객체로서 독립기를 겪는 이 시기를 부모로서 잘 감당하게 하시고, 응원하게 하옵소서. 자녀의 의사를 존중하며 늘 경청하는 부모가 되게 하옵소서.

하나님, 특별히 자녀가 하나님 앞에서 자신이 누구인지 발견하는 시간이 될 수 있기를 원합니다. 부모로서 자녀의 삶의 모델이 되게 하시고, 부모 외에도 여러 삶의 모범들을 허락하시어 건강하고 바르게 삶을 계획하고 바라보게 하옵소서. 또한 또래친구에게 인정받고자 하는 욕구가 큰 이 시기에 좋은 친구들을 허락하여 주셔서 서로 간에 선한 영향력으로 이끌어 주는 동역자로 자라게 하옵소서.

무엇보다 청소년 시기에 예수님을 인격적으로 만나길 원합니다. 신앙 안에서 자신의 정체성을 확립하고 삶을 계획할 수 있도록, 예수님께서 주인인 삶을 살도록 자녀의 삶을 강권적으로 붙들어 주시옵소서. 예수님의 이름으로 기도합니다. 아멘.

> 천지는 없어질지언정 내 말은 없어지지 아니하리라_마 24:35.

오늘의 기도

매일기도 □ 학부모구호 □

116 4월 26일

당신이 다른 사람의 선택을 대신해 줄 수 없듯이 다른 사람이 당신 대신 선택하게 해서는 안 된다_콜린 파월

말씀을 사랑하는 자녀가 되기 위한 기도

늘 우리에게 말씀으로 가르쳐 주시는 하나님께 감사를 드립니다. 하나님의 뜻을 가장 잘 알 수 있는 통로인 하나님의 말씀을 우리 자녀들이 어려서부터 가까이하기를 소망합니다. 부모인 제가 이를 위하여 더욱 기도하고 가르치게 하옵소서. 단순히 말씀을 읽으라고 잔소리하는 것에 그치는 것이 아닌 말씀을 읽고 묵상할 수 있는 가정환경을 만들 수 있도록 지혜를 더하여 주옵소서.

또한 하나님의 말씀을 가까이 할 수 있는 여러 방법을 가르치고, 자녀에게 맞는 적합한 방법을 찾게 하옵소서. 말씀을 읽고, 쓰고, 암송하고, 묵상하는 방법을 통하여 자녀가 말씀 속에 담긴 하나님의 뜻을 찾고, 자신의 삶의 열쇠를 발견하게 하옵소서.

더불어 자녀가 단순히 말씀을 읽고, 하나님의 뜻을 머리로만 아는 것에 그치지 않기를 원합니다. 말씀대로 순종하며 살아갈 수 있는 용기와 믿음을 자녀에게 더하여 주셔서 믿음의 조상들처럼 말씀의 능력이 살아 숨쉬는 자녀로 자라나게 하옵소서. 예수님의 이름으로 기도합니다. 아멘.

천지를 지으신 여호와께서 시온에서 네게 복을 주실지어다_시 134:3.

오늘의 기도

매일기도 □ 학부모구호 □

 **4월 27일**

나는 계속 배우면서 갖추어 간다.
언젠가는 나에게 기회가 올 것이다_아브라함 링컨

친절의 성품을 위한 기도

　선하신 주님, 우리의 심령을 순전케 하여 주서서 우리가 악덕과 분노를 버리고 친절을 사모하길 원합니다. 그리하여 겉으로 드러나는 언행에도 친절함이 배어 있어 다른 이를 적절히 돕는 자가 되고, 유연함과 강한 믿음이 있는 결단력으로 이 사회와 나라에 선한 영향력을 끼치는 연결자가 되길 소망합니다.

　서로 존중하고 공감해 주며 거친 말이나 공격적 불편함을 주는 자가 되지 않게 하여 주옵소서. 자녀들이 자신이 중요한 사람이라고 알리기에 애쓰기보다 상대방이 중요한 사람임을 알고, 하나님의 사랑을 받는 사람임을 느낄 수 있도록 친절함을 베풀게 하여 주옵소서.

　다른 이들을 보살피고 격려하는 것에 게으르지 않게 하시고 주님의 사랑을 실천함에 더욱 유효하도록 건강도 더하여 주옵소서. 예수님을 닮아 말과 행실에 있어 친절과 자비로 하나님의 교육 모델이 되어 신앙 선배들처럼 주님의 사랑을 증거하는 자로 세워 주실 줄 믿습니다. 예수님의 이름으로 기도합니다. 아멘.

천지가 그를 찬송할 것이요 바다와 그 중의 모든 생물도 그리할지로다_시 69:34.

오늘의 기도

매일기도 ☐　학부모구호 ☐

118 4월 28일

내가 대통령이 된 것은
나의 어머니가 준 성경 때문이었다 _아브라함 링컨

자녀의 소명을 깨닫기를 원하는 기도

우리를 창조의 걸작품으로 빚어 주신 하나님께 감사를 드립니다. 하나님께서 지으신 모든 것에는 의미가 있고 목적이 있는 줄 믿습니다. 그러나 지음받은 목적도 제대로 알지 못하고 바쁘게 살아가고 있는 우리를 긍휼히 여겨 주시옵소서.

특히 이 땅의 자녀들이 교육 현장에서도 진리인 창조론이 무시되고 진화론적 교육을 받음으로 학교 교육으로는 인생의 목적과 사명을 알 수 없는 현실에 놓여 있습니다. 학교 안에 하나님의 교육이 회복되길 소망합니다. 교육을 통하여 자녀가 하나님의 부르심을 발견하고 깨닫게 하옵소서.

하나님 앞에서 자신이 어떤 존재인지를 깨닫고, 하나님의 뜻과 자녀의 소망함이 만나는 부르심의 자리를 인내함으로 발견하는 자녀와 부모가 되게 하옵소서.

하나님께서 우리의 자녀를 위해, 우리의 자녀를 통해 이루려고 계획하고 계신 하나님 나라를 확장하기 위한 비전을 품으며 생기 있게 인생을 살아가게 하소서. 예수님의 이름으로 기도합니다. 아멘.

> 천지는 없어지려니와 주는 영존하시겠고 그것들은 다 옷 같이 낡으리니 의복 같이 바꾸시면 바뀌려니와 _시 102:26.

오늘의 기도

매일기도 ☐ 학부모구호 ☐

119 4월 29일

땅에서 단지 필요한 것만 취하고,
네가 발견한 그대로 남겨두라 _아라파호족 격언

자녀 양육에 대하여 부부가 일관된 관점을 지니길 바라는 기도

우리가 부부라는 이름으로 인연을 맺고 부모가 되어 자녀를 양육할 수 있는 기쁨과 책임을 주신 하나님께 감사를 드립니다. 하나님 안에서 우리는 이 귀한 사명을 함께할 수 있음을 고백합니다.

그러나 우리는 종종 하나님의 뜻과 관점을 잊고, 각자의 생각과 경험에 의해 자녀를 양육하느라 서로 부딪치며 마음이 상하곤 합니다. 내 방식이 옳고 상대방의 방식은 잘못되었다고 비난하면서 서로에게 상처를 주기도 합니다. 자녀 양육에 대해 하나님의 뜻을 구하지 않고 기도하지 않으며 서로의 이야기에 귀 기울이지 못했던 우리의 삶을 용서하여 주옵소서.

이제 우리 부부의 가치관이 하나님의 뜻과 하나 될 수 있도록 인도하옵소서. 우리 부부가 하나님의 말씀을 붙들고 기도하며 자녀를 양육하게 하시고, 혹 서로의 의견이 다를지라도 끝까지 듣고 대화하며 함께 하나님께서 기뻐하시는 교육을 해 나갈 수 있는 지혜와 힘을 주옵소서. 예수님의 이름으로 기도합니다. 아멘.

태초에 하나님이 천지를 창조하시니라_창 1:1.

오늘의 기도

매일기도 □   학부모구호 □

120 4월 30일

성공은 밤낮 없이 거듭되었던 작고도 작은 노력들이 한 데 모인 것이다_무명

기독교대안학교의 '학교성' 회복을 위한 기도

하나님, 기독교대안학교가 잘 세워져서 제 역할을 다하도록 도우시옵소서. 먼저 바른 신조와 철학을 바탕으로 교육과정이 만들어지길 원합니다. 각 학교를 세우신 하나님의 목적에 따라 학교의 목표를 잘 세우게 하옵소서. 그 방향성을 잃지 않고 수업을 비롯한 교내의 모든 활동이 유기적으로 어우러지게 하옵소서.

기독교대안학교 가운데는 재정적으로 어려움을 겪는 학교들이 많습니다. 물질적인 이유로 교육을 향한 열정이 꺾이는 일이 없게 하시고 그 뜻을 함께하는 돕는 손길들을 보내 주소서.

또한 기독교대안학교들이 안정된 공간을 마련하게 하옵소서. 건물과 시설이 학교가 아니고 교육의 질을 담보하는 것은 아니지만, 아이들이 안전하게 맘껏 뛰놀고 공부할 수 있는 환경이 갖춰지길 원합니다. 기독교대안학교가 안팎으로 내실 있게 성장하여 기독교교육을 필요로 하는 자녀들에게 마음껏 하나님의 가치로 가르치는 학교가 되게 하옵소서. 한 학교, 한 학교를 사랑하시며 세밀히 살피고 계시는 예수님의 이름으로 기도합니다. 아멘.

너희는 천지를 지으신 여호와께 복을 받는 자로다_시 115:15.

오늘의 기도

매일기도 □ 학부모구호 □

5월의 기도

기독학부모 기도운동 시리즈
두 번째 주제는 '**생기**'입니다.
그리고 5월의 묵상 주제는
'**가정**'입니다.
기도를 돕는 격언과 말씀은
가정과 관련됩니다.

5월 첫날의 기도

가정의 주인되신 하나님!

주님의 놀라운 계획과 섭리로 우리 가정을 세워 주심에 감사합니다. 남편과 아내로 만나게 하셔서 부부 됨의 기쁨을 알게 하시고, 자녀를 선물로 주셔서 부모가 되게 하셨습니다. 부족하지만 누군가의 남편으로, 아내로, 부모로 살아간다는 것이 얼마나 큰 행복인지, 그리고 기도로 이 사명을 감당해야 함을 늘 깨닫습니다.

그러나 주님, 돌아보면 부족한 것이 너무나도 많습니다. 배우자를 향해서는 존중과 감사보다는 원망과 불평이 더 많았고, 자녀를 향해서는 그릇된 욕심을 지니면서 세속적이고 왜곡된 교육에 젖어 있었습니다. 부모님을 공경하면서 일가 친척에게 사랑을 전해야 하는데도 늘 내 가족을 챙기기만 바빴습니다.

하나님, 다시금 우리 가정의 주인이 되어 주시길 기도합니다. 부모님과 일가친척들, 남편과 아내, 자녀들을 주님 사랑의 품에 맡겨 드립니다. 믿음으로 하나 되어 가정에서부터 하나님의 나라를 경험하게 하옵소서. 또한 주님이 세우신 이 땅의 모든 가정들이 굳건히 서게 하옵소서.

예수님의 이름으로 기도합니다. 아멘.

122 5월 2일

> 가족들의 더할 나위없는 귀염둥이였던 사람은 성공자의 기분을 일생동안 가지고 살며, 그 성공에 대한 자신감은 그를 자주 성공으로 이끈다_지그문트 프로이드

기독교대안학교 교사를 위한 기도

하나님, 기독교대안학교를 섬기는 교사들을 주셔서 감사합니다. 아무리 좋은 교육과정이 있다고 하더라도 기독교대안학교 교육의 핵심인 교사들이 제대로 그것을 소화하지 못한 채 가르침의 자리에 선다면 모든 것이 헛것임을 고백합니다.

교사의 자리를 단순히 직업이 아닌 소명으로 여기면서 주의 뜻에 순종하기로 결단하게 하옵소서. 진정한 교육은 사랑으로 학생을 섬길 때 이루어짐을 잊지 않기를 원합니다. 성령 충만함으로 기독교대안학교의 교사들을 채워 주사 주님의 사랑으로 가르치며 행하게 하옵소서. 항상 자신을 돌아보며 성장하기를 게을리하지 않는 마음가짐을 잃지 않게 하시고, 이것이 학생들에게 배움의 모델이 되게 하소서.

각 기독교대안학교에 소명과 전문성을 갖춘 교사들이 가득 넘쳐나고, 자녀들은 스승을 만나는 복을 누리기를 소망합니다. 예수님의 이름으로 기도합니다. 아멘.

> 그러므로 우리는 기회 있는 대로 모든 이에게 착한 일을 하되 더욱 믿음의 가정들에게 할지니라_갈 6:10.

오늘의 기도

매일기도 □ 학부모구호 □

123 | 5월 3일

> 모든 행복한 가족들은 서로 닮은 데가 많다.
> 그러나 모든 불행한 가족은 그 자신의 독특한
> 방법으로 불행하다_레프 니콜라예비치 톨스토이

모든 지식을 통해 하나님을 발견하길 원하는 기도

온 우주를 창조하시고 다스리시는 지혜의 하나님을 찬양합니다. 하나님의 완전하고 풍요로운 지혜와 지식을 따라 모든 피조물을 다스리시니 모든 것이 하나님의 진리를 드러 냄이 마땅합니다. 세상의 모든 지혜와 지식의 원천이 하나님이시니, 사람들을 겸손하게 하셔서, 모든 지혜와 지식에서 하나님의 진리를 발견하게 하옵소서.

특히 모든 가정과 학교에서 이루어지는 교육에서 하나님의 진리를 발견하고 가르치기를 원합니다. 하나님을 알지 못하는 사람이라도 지혜와 지식을 탐구하고 가르치는 것을 올바르게 하셔서, 결국 모든 진리는 하나님의 진리인 것을 자신뿐 아니라 학생들과도 함께 깨달아 알게 하옵소서.

하나님께서 주신 지식을 잘못 사용해서 사람을 높이고, 욕심을 채우며, 성공과 성적만을 앞세워서 결국에는 하나님을 대적하게 만드는 악한 교육을 막아 주옵소서. 교육이 이루어지는 곳마다 하나님의 진리를 탐구하고 발견하는 기쁨이 충만케 하옵소서. 예수님의 이름으로 기도합니다. 아멘.

> 아내들이여 자기 남편에게 복종하기를 주께 하듯 하라_엡 5:22.

오늘의 기도

매일기도 ☐ 학부모구호 ☐

아무리 애쓰거나, 어디를 방랑하든, 우리의 피로한 희망은 평온을 찾아 가정으로 되돌아온다_올리버 골드스미스

기독교대안학교 관련 법과 제도를 위한 기도

　기독교대안학교를 법과 제도로 더욱 든든히 세워 가시는 하나님, 한국의 교육 가운데 기독교대안학교가 곳곳에 세워지게 하시고, 이를 위한 특성화학교 법이나 대안학교 법 등이 만들어지게 하심을 감사드립니다. 그러나 아직도 부족한 부분이 많이 있음을 고백합니다.

　기독교대안학교가 국가와 사회로부터 기독교대안교육의 존재의 이유를 인정받아 그에 맞는 제도와 법이 마련되기를 소망합니다. 균형 있는 제도로 대안교육, 공교육과 조화를 이루어 우리나라 교육이 더욱 건강해지고 풍요로워지게 하옵소서. 행·재정 지원을 통해 학교가 안정화되게 하시고, 혹시 문제가 있는 학교가 있다면 올바른 기준에 의해 잘 걸러져 교사나 부모, 학생들이 믿을 수 있는 학교들이 되게 하옵소서.

　기독교대안학교, 기독학부모들이 마음을 모아 함께 기도하고 협력하게 하옵소서. 하나님의 교육의 생기가 기독교대안학교 가운데 가득하길 소망하며 예수님의 이름으로 기도합니다. 아멘.

> 아내들아 남편에게 복종하라 이는 주 안에서 마땅하니라_골 3:18.

오늘의 기도

매일기도 ☐　학부모구호 ☐

 **5월 5일**

> 이 세상에는 여러 기쁨이 있지만, 그 가운데서 가장 빛나는 기쁨은 가정의 웃음이다. 그 다음은 어린이를 보는 부모의 즐거움인데, 이 두 가지 기쁨은 사람의 가장 성스러운 즐거움이다_J. H. 페스탈로치

어린이날에 드리는 기도

우리의 자녀를 사랑으로 빚어 구별된 선물로 주신 하나님, 태초부터 예정하시고 주님의 놀라운 섭리 가운데 귀한 자녀를 선물하심에 감사를 드립니다.

기독학부모들이 어린아이들을 만지시며 안수하신 주님처럼 따뜻한 마음과 정성으로 자녀들을 더 많이 사랑하게 하옵소서. 또한 자녀들이 사랑의 근원이신 주님을 알도록 부모부터 믿음의 삶을 살아가게 하옵소서. 말로만 신앙을 가르치는 것이 아니라 몸소 행함으로 경건한 신앙을 물려 주게 하옵소서.

또한 날마다 축복의 말이 넘치게 하옵소서. 자녀가 축복의 존재로 살아가도록 격려하며 옳은 것을 선택하고 믿음의 삶을 살아가도록 늘 기도하면서 기대하게 하옵소서.

어린이날을 주셔서 어린이의 소중함을 일깨워 주신 하나님, 이 땅의 어린이들을 위해서 중보합니다. 바른 마음과 좋은 성품으로 이 땅을 살아가게 하시고 하나님과 사람들에게 사랑받는 축복의 사람이 되게 하옵소서. 어린이들의 눈에서 눈물이 흐르게 하는 아픔들이 이 땅에서 사라지게 하옵소서. 예수님의 이름으로 기도합니다. 아멘.

> 너희 자녀들아 와서 내 말을 들으라 내가 여호와를 경외하는 법을 너희에게 가르치리로다_시 34:11.

오늘의 기도

매일기도 □   학부모구호 □

가정은 나의 대지이다.
나는 거기서 나의 정신적인 영양을 섭취하고 있다_펄 벅

기독학부모운동본부를 통해 운동이 확대되길 바라는 기도

자녀교육의 책임을 부모에게 주신 하나님, 교육이라는 큰 벽 앞에서 무력한 우리 부모의 모습을 고백하게 됩니다. 누군가가 이 문제를 해결해 주어야 하고 어떤 정책이 교육을 변화시켜 줘야 한다는 생각에 이 문제를 회피하고 현실의 흐름에 이끌려 다니는 연약한 부모인 우리를 도와주시옵소서. 무엇보다 오늘의 현실을 새롭게 할 적극적인 자세와 용기를 신앙 안에서 갖도록 우리를 붙들어 주시옵소서.

기독학부모운동을 이 땅에 정착시키기 위해 기독학부모운동본부를 세워 주시니 감사합니다. 이 사역이 기독학부모의 정체성을 견고하게 하는 일부터 시작해서 이 땅의 교육 회복을 이끄는 일들을 성실하고 기쁘게 감당하도록 이끌어 주시옵소서.

운동의 방향이 잘 세워지게 하시고 정책과 전략들이 개인과 공동체의 기반 아래 수립되게 하시며 지역교회와 학교가 서로 연계되어 전국적으로 기독학부모운동이 확대되게 하옵소서. 예수님의 이름으로 기도합니다. 아멘.

> 아내들아 이와 같이 자기 남편에게 순종하라 이는 혹 말씀을 순종하지 않는 자라도 말로 말미암지 않고 그 아내의 행실로 말미암아 구원을 받게 하려 함이니_벧전 3:1.

오늘의 기도

매일기도 □   학부모구호 □

127 5월 7일

이 세상에 태어나 우리가 경험하는 가장 멋진 일은
가족의 사랑을 배우는 것이다_조지 맥도날드

직장생활로 바빠 자녀에게 무관심했음을 회개하는 기도

우리에게 자녀를 주시고 부모로서 자녀를 교육할 수 있는 특권을 주신 하나님께 감사를 드립니다. 이 아이의 삶의 주인은 하나님이시지만, 하나님께서 우리에게 이 아이를 잘 길러야 하는 사명을 주셨음을 고백합니다.

그러나 때때로 우리는 직장이 바쁘다는 이유로, 집안일이 많다는 이유로 자녀를 잘 양육해야 할 사명을 소홀히 여겼습니다. 학원비를 주고, 좋은 옷과 선물을 해 주며, 밥을 차려 주는 것으로 자녀에게 최선을 다한 것인 양 위안을 얻으며 살았습니다. 아이와 시간을 함께 보내며 즐겁게 놀아 주고, 공감하며, 아이가 갖고 있는 재능을 잘 발견하도록 도와주는 일에 관심을 갖지 못했음을 고백합니다.

하나님, 우리가 바쁜 생활 가운데서도 자녀의 삶에 관심을 갖고 교육하는 부모가 될 수 있도록 도와주옵소서. 몸도, 마음도, 영혼도 메마르거나 지치지 않도록 하나님의 생기를 불어넣어 주시고, 하나님의 마음으로 자녀를 잘 양육하도록 지혜도 주옵소서. 예수님의 이름으로 기도합니다. 아멘.

> 믿지 아니하는 남편이 아내로 말미암아 거룩하게 되고 믿지 아니하는 아내가 남편으로 말미암아 거룩하게 되나니 그렇지 아니하면 너희 자녀도 깨끗하지 못하니라 그러나 이제 거룩하니라_고전 7:14.

오늘의 기도

매일기도 ☐ 학부모구호 ☐

가정은 누구나 '있는 그대로'의 자기를 표시할 수 있는 유일한 장소이다_앙드레 모루아

어버이날에 드리는 기도

살아 계신 아버지 하나님. 연약하고 부족한 저희를 부모로 세워 주시니 감사합니다. 어버이날, 많은 사람들이 부모의 은혜를 생각하면서 감사의 마음을 전하는데 부모 된 저희가 먼저 주님 앞에서 아름다운 부모의 사명을 감당하도록 인도하여 주시옵소서.

예수님의 사랑을 전하고, 신앙의 대를 이어가며, 자녀들에게 믿음의 본을 먼저 보이며 묵묵히 제자의 길을 걸어가게 하옵소서. 또한 자녀들에게 효를 말로 가르치기보다 먼저 우리의 연로하신 부모님들을 기억하고 사랑하는 삶을 통해 본을 보이게 하옵소서. 기독학부모들에게 건강을 주시고 믿음의 거룩한 유산을 남기는 귀한 삶을 살아가게 하옵소서. 어버이날만이 아니라 평생을 살아가며 효도를 실천하게 하옵소서.

무엇보다 살아 계신 아버지 하나님의 마음을 시원하게 하는 아들과 딸로 이 땅을 살아가게 하옵소서. 이 땅 어딘가에 가난하고 고통당하는 부모들의 눈물을 닦아 주시고 우리 가정과 사회가 더 훈훈하고 따뜻한 정이 깃든 터전이 되게 하옵소서. 예수님의 이름으로 기도합니다. 아멘.

자녀들아 주 안에서 너희 부모에게 순종하라 이것이 옳으니라_엡 6:1.

오늘의 기도

매일기도 □ 학부모구호 □

가정이란 어떠한 형태의 것이든
인생의 커다란 목표이다_J. G. 홀랜드

국어를 통해 하나님의 뜻과 진리를 발견하길 바라는 기도

세상의 언어를 만드시고, 그 언어를 사람들에게 선물하신 하나님께 감사를 드립니다. 또한 말씀으로 세상을 아름답게 창조하시고 주관하시니 감사합니다. 모든 언어가 하나님의 섭리를 이루는 통로가 되고, 하나님의 뜻을 드러내는 도구가 되기를 원합니다.

하지만 우리에게 선물하신 국어가 망가지고 병들어 가고 있습니다. 사람들은 국어를 통해 하나님의 뜻을 따르지 않고 오히려 거스릅니다. 국어로 상처를 만들고 욕심을 채우며 거짓을 말합니다. 가정과 학교에서도 관계를 세우기보다 관계를 허무는 국어가 가득합니다. 자라나는 세대의 입에는 거친 욕과 부정적인 말이 자리 잡고 있습니다. 모든 것을 살려내는 생명과 사랑의 말이 힘을 잃고 있습니다. 무엇보다 국어가 입시와 성적의 도구가 되었습니다.

하나님, 국어가 다시 하나님의 온전한 창조를 회복하고, 하나님의 뜻과 진리를 전달하며 발견하는 통로가 되기를 원합니다. 이를 위해 국어 수업이 국어를 다시 살리고 회복하는 거룩한 시간이 되게 하옵소서. 예수님의 이름으로 기도합니다. 아멘.

온순한 혀는 곧 생명나무이지만 패역한 혀는 마음을 상하게 하느니라_잠 15:4.

오늘의 기도

매일기도 □ 학부모구호 □

130 5월 10일

행복한 가정은 미리 누리는 천국이다 _R. 브라우닝

자녀의 친구와의 관계를 위한 기도

하나님, 주님께서 허락해 주신 이 자녀가 평생의 삶을 살아가는 동안 외롭지 않기를 원합니다. 좋은 친구들이 늘 넘쳐나기를 소망합니다. 때로는 싸우고, 따돌림받고, 따돌릴 때도 있겠지만 자녀와 친구들을 붙들어 주셔서 그들이 견고한 관계가 되게 인도하옵소서.

친구를 사랑하고, 존중하며, 배려하는 아이로 자라나길 원합니다. 세상에서는 그것이 미련한 방법이라 할지라도 저와 자녀만은 하나님의 방법대로 사랑하고, 존중하며, 배려하게 하옵소서. 친구와 싸울 때에도 자신의 감정을 솔직하게 말함으로써 서로 소통하여 건강하게 화해하는 방법을 배우게 하옵소서. 또한 자신들과 다르다고 하여 따돌리거나 따돌림받는 일이 없게 하옵소서.

부모인 저희도 자녀의 친한 친구가 누구인지, 관심사가 무엇인지 아는 노력을 하게 하옵소서. 자녀와 자녀의 친구들을 위하여 기도하는 중보자로서의 부모가 되게 하옵소서. 예수님의 이름으로 기도합니다. 아멘.

사람이 친구를 위하여 자기 목숨을 버리면 이보다 더 큰 사랑이 없나니_요 15:13.

오늘의 기도

매일기도 ☐ 학부모구호 ☐

131 5월 11일

> 가정이야말로 고달픈 인생의 안식처요,
> 모든 싸움이 자취를 감추고 사랑이 싹트는 곳이요,
> 큰 사람이 작아지고 작은 사람이 커지는 곳이다._H. G. 웰스

다문화 가정을 위한 기도

함께 더불어 사는 것을 즐거워하시는 하나님, 이 시대 가정은 민족과 인종, 문화가 다양합니다. 그러나 모든 사람에게 하나님의 사랑은 절대적으로 필요하며 그 사랑 없이는 살 수 없는 존재임을 고백합니다. 또한 하나님의 섭리에 따라 서로 다른 문화권의 사람들이 함께 가정을 이루어 살게 해 주시니 감사합니다.

다문화 가정의 자녀들이 학교현장 속에서 혼혈인이라고 하여 손가락질 받는 일이 없게 해 주시고 또래 친구들로부터 놀림을 받거나 상처를 받지 않도록 하나님께서 다문화 가정의 자녀들을 보호해 주옵소서. 특별히 사람들이 지니고 있는 지나친 편견 때문에 정상적인 교육을 받지 못하는 일이 없게 해 주시고 학교에서 공정한 대우를 받을 수 있도록 모든 환경과 여건을 조성해 주옵소서.

기독학부모로서 다문화 가정 자녀들의 처지와 입장, 마음을 잘 살필 수 있는 여유와 이해할 수 있는 넓은 마음을 주옵소서. 예수님의 이름으로 기도합니다. 아멘.

> 이와 같이 남편들도 자기 아내 사랑하기를 자기 자신과 같이 할지니 자기 아내를 사랑하는 자는 자기를 사랑하는 것이라_엡 5:28.

오늘의 기도

매일기도 □   학부모구호 □

132 **5월 12일** 가정과 가정 생활의 안전과 향상이 문명의 중요 목적이요, 산업의 궁극적 목적이다_C. W. 엘리어

공동체의 가치를 가르치는 학교가 되길 간구하는 기도

하나님 아버지, 예수님께서 열두 제자와 함께 공동체를 이루어 생활하심으로써 그들을 가르치시고, 하나님의 나라를 이루어 가신 것을 기억합니다. 예수님께서 몸소 보여 주신 공동체의 중요성을 알지만, 지금까지 저와 이 땅의 교육이 자녀들에게 공동체 안에서 어떻게 살아야 하는지에 대해 가르치지 못했음을 고백합니다. 이제는 부모와 학교가 깨어 우리의 자녀에게 공동체성을 가르치기를 원합니다.

하나님, 특별히 이 땅의 학교를 회복시켜 주셔서 가정에서뿐 아니라 학교에서 공동체를 이루어 살아가는 공동체성 교육이 이루어지게 하옵소서. 교육을 통하여 자녀가 공동체 속에서 살아가는 법을 회복하게 하시고, 더불어 학교가 건강한 교육공동체로서 살아나게 하옵소서. 자녀가 단순히 다른 사람을 이해하고 포용하며 건강하게 관계하는 것을 넘어 공동체를 함께 이루어 가고, 함께 살아남는 가치의 중요성을 학교에서 가르치게 하옵소서.

하나님의 회복의 물결로 이 땅의 모든 가정과 학교가 건강한 공동체로서의 생기를 되찾기를 소망합니다. 예수님의 이름으로 기도합니다. 아멘.

> 자녀들아 모든 일에 부모에게 순종하라 이는 주 안에서 기쁘게 하는 것이니라
> _골 3:20.

오늘의 기도

매일기도 □ 학부모구호 □

133 | 5월 13일

가정이여, 그대는 도덕의 학교이다_J.H. 페스탈로치

부모가 먼저 소명자로 살아가기를 위한 기도

그리스도 예수 안에서 선한 일을 위하여 우리를 지으신 하나님, 부모가 먼저 하나님의 부르심을 따라 살아가야 함에도 불구하고 날마다 바쁘다는 핑계로 부르심을 외면하며 살아온 순간들이 있었음을 고백합니다. 소명과 관계없이 살아가는 삶은 결국 하나님과 무관한 인생이 되는 것임을 잊지 않게 하옵소서.

부모라는 이름으로 자녀들을 잘 교육하려 노력하지만, 가장 좋은 교육은 부모가 하나님의 부르심을 추구하는 삶을 살아가는 것임을 알게 하옵소서. 반대로 부모가 하나님의 소명과 동떨어진 삶을 살아갈 때, 그런 부모의 모습은 결국 자녀들의 건강한 신앙과 교육에 방해가 된다는 사실을 두려움으로 인식하게 하소서.

먼저 하나님의 나라와 의를 구하는 생기 있는 가정과 부모가 되게 하셔서 하나님의 소명을 따르는 인생과 가정에게 모든 필요를 채우시는 하나님을 자녀들이 체험하여 알게 하옵소서. 예수님의 이름으로 기도합니다. 아멘.

> 네 모든 자녀는 여호와의 교훈을 받을 것이니 네 자녀에게는 큰 평안이 있을 것이며_사 53:14.

오늘의 기도

매일기도 □ 학부모구호 □

 가정은 삶의 보물상자가 되어야 한다_코르뷔제

물리를 통해 하나님의 뜻과 진리를 발견하길 바라는 기도

창조주 하나님, 하나님의 완전하시고 선하신 창조를 찬양합니다. 온 세상이 드러내어 보여 주는 하나님의 창조의 아름다움과 온전함을 학생들이 발견하기를 원합니다. 무엇보다 학교에서 배우는 물리(과학) 시간을 통해서 창조의 법칙과 의미, 목적과 가치를 알게 해 주옵소서.

하지만 현재 우리나라 공교육의 물리과목 교육과정은 하나님의 존재를 인정하지 않으며, 하나님의 창조 또한 부인하고 있습니다. 하지만 기독교사들과 기독교학교를 중심으로 하나님의 창조에 토대를 둔 교육이 시도되어 하나님의 창조와 섭리를 전하게 하시니 감사합니다.

모든 학교의 물리과목 교육과정뿐 아니라 국가수준 교육과정도 하나님의 창조가 받아들여지고, 물리과목의 교과지식에도 성경의 중언과 기독교의 믿음의 내용이 정식으로 포함되기를 원합니다. 또한 물리수업이 하나님의 창조의 결과를 확인할 뿐만 아니라 그 과정에서 섭리하신 하나님의 역사를 탐구하고, 그것을 토대로 하나님의 뜻과 진리를 물리의 눈으로 발견하는 시간이 되게 하옵소서. 예수님의 이름으로 기도합니다. 아멘.

> 또 아비들아 너희 자녀를 노엽게 하지 말고 오직 주의 교훈과 훈계로 양육하라
> _엡 6:4.

오늘의 기도

매일기도 □ 학부모구호 □

135 | 5월 15일

> 사랑한다는 것으로 새의 날개를 꺾어 너의 곁에 두려하지 말고 가슴에 작은 보금자리를 만들어 종일 지친 날개를 쉬고 다시 날아갈 힘을 줄 수 있어야 하리라 _미당 서정주

스승의 날에 드리는 기도

하나님, 오늘 스승의날에 교사들을 위해서 기도할 수 있도록 인도하시니 감사합니다. 우리의 스승 되신 예수님을 생각해 봅니다. 진리를 가르치기에 주저함이 없으셨고, 사랑이 넘치는 마음으로 연약한 사람을 민망히 여기시며 고쳐 주시고 싸매어 주셨던 예수님, 그 예수님처럼 교사의 직분을 감당하는 신실한 교사들을 이 땅에 세워 주옵소서. 교사의 사명이 소중한 것임을 알아 충성스럽게 감당하게 하시고 자라나는 생명들을 가르치는 데 부족함이 없도록 전문성을 채워 주시옵소서.

날로 교육의 현장이 피폐하다는 소식을 많이 듣게 되는 이때에 가르침에 헌신하고 배움에 열정을 가지며 사람을 소중히 여기는 교사들이 일어나서 교육의 회복을 일으키는 교육의 주체가 되게 하옵소서.

학교와 교회에 교사를 지원할 수 있는 여건과 환경을 열어 주시옵소서. 선생님을 더 많이 존경하는 우리 가정이 되게 하옵소서. 예수님의 이름으로 기도합니다. 아멘.

> 남편들아 아내 사랑하기를 그리스도께서 교회를 사랑하시고 그 교회를 위하여 자신을 주심 같이 하라_엡 5:25.

오늘의 기도

매일기도 ☐ 학부모구호 ☐

가정은 안전한 휴식처요, 기본을 습득하는 학교요, 하나님이 공경받는 교회이며, 정과 기쁨이 오가는 처소다._빌리 그래함

자녀의 자존감이 건강하게 형성되길 바라는 기도

우리의 아버지 되시는 하나님, 주님께서 빚으시고 만드신 이 자녀가 바른 자아상을 갖기를 원합니다. 이기적인 자존감이 아니라, 자신을 존중하고 사랑하는 건강한 자존감이 형성되게 하옵소서.

건강한 자존감 형성의 바탕이 부모와 자녀 사이의 신뢰임에도, 때로는 비교하는 말로, 때로는 불신과 의심으로 자녀를 대하였음을 고백합니다. 용서하여 주옵소서.

하나님의 눈으로 자녀 안에 감춰진 귀한 보물을 찾게 하시고, 무엇보다 자녀가 자기 자신을 사랑하고 신뢰하며, 소중하게 여길 줄 아는 자로 성장하게 하옵소서. 믿음 안에서 건강한 자존감이 뿌리내려 난관에 부딪혔을 때 낙담하거나 포기하지 않고, 용기와 힘을 내어 다시 일어서고, 하나님을 희망하며 다시 시작하는 자녀가 되게 하옵소서.

또한 자신의 몸을 존중하고 소중히 여기게 하옵소서. 몸을 더럽히고 상하게 하는 일에는 친절하지만 단호하게 거절하여 몸을 순결하고 건강하게 지키게 하옵소서. 예수님의 이름으로 기도합니다.

> 우리가 하나님을 사랑하고 그의 계명들을 지킬 때에 이로써 우리가 하나님의 자녀를 사랑하는 줄을 아느니라_요일 5:2.

오늘의 기도

매일기도 □ 학부모구호 □

137 5월 17일

가정은 지상의 낙원이다.
이것이 없으면 그는 이미 지옥에 있는 자다_우치무라 간조

기독교학교 정상화를 위한 기도_법과 제도 개선

이 땅에 기독교학교를 세우셔서 그 학교들을 통해 하나님의 사람들을 기르시고 이 땅의 교육을 선도케 하신 하나님께 감사드립니다. 그러나 오늘날 기독교학교는 그 존립을 지탱할 수 있었던 법적 기반이 흔들리고, 그로 인해 기독교학교로서의 정체성마저 심각한 도전을 받고 있습니다.

기독교학교들이 본래의 학교 건학이념에 맞게 종교교육 및 선교활동을 자유롭게 할 수 있도록 법과 제도가 개선되게 하옵소서. 학생들이 원치 않는 종교계 사학을 미리 피할 수 있도록 회피 제도가 도입되고, 학교에 들어 온 후에도 종교적인 이유로 전학 허용이 가능해지며, 종교계 사학은 종교과목을 복수선택이 아닌 단수편성으로 할 수 있게 하옵소서. 자율형 종교사학에 대해서는 좀 더 많은 종교교육의 자율권이 주어져서, 여러 종교들을 가르치는 종교학교육이 아닌 신앙교육이 가능하도록 종교교과서의 자유발행이 허용되게 하옵소서.

하나님, 기독교학교가 정상화될 수 있도록 이런 법과 제도가 바뀌는 그 날이 속히 오게 하옵소서. 예수님의 이름으로 기도합니다. 아멘.

또 그것을 너희의 자녀에게 가르치며 집에 앉아 있을 때에든지, 길을 갈 때에든지, 누워 있을 때에든지, 일어날 때에든지 이 말씀을 강론하고_신 11:9.

오늘의 기도

매일기도 ☐   학부모구호 ☐

138 5월 18일

> 가정은 평화의 장소이다. 위험에서뿐만 아니라 두려움, 의심, 분열에서 피할 수 있는 유일한 안식처이다_존 러스킨

가정이 자녀의 진로탐색의 환경이 되길 간구하는 기도

자녀를 통해 큰 기쁨을 얻게 해 주신 하나님께 감사를 드립니다. 부모이든 자녀이든 하나님께서 고유한 소명으로 우리를 부르신 것을 잊지 않게 하옵소서.

주님, 우리가 자녀를 대할 때 내 자녀라는 생각이 앞서고, 자녀를 내 뜻대로 양육하려는 욕심이 앞설 때가 있었습니다. 하나님께 받은 소명대로 자녀의 진로를 지도하기보다는 내 욕심을 반영할 때가 많았음을 고백합니다. 부모로서 바른 소명자로 살아가는 것을 넘어 우리 가정이 소명자의 가정이 되게 하옵소서.

하나님의 자녀로 맡겨진 영혼이 하나님의 소명을 잘 찾아가도록 돕는 통로가 되게 하소서. 자녀의 은사와 달란트를 눈여겨보게 하시고 즐겨 하는 것과 특별히 관심 있어 하는 것이 무엇인지를 알게 하셔서 자녀가 소명을 발견할 뿐 아니라 소명대로 진로를 정하고 진학할 수 있도록 안내자의 역할을 충실히 감당하게 하옵소서. 예수님의 이름으로 기도합니다. 아멘.

네 부모를 즐겁게 하며 너를 낳은 어미를 기쁘게 하라_잠 23:25.

오늘의 기도

매일기도 ☐ 학부모구호 ☐

139　5월 19일

가정은 하나님이 실습시키시는 훈련장이다_찰스 스윈돌

미션스쿨이 제자화 사명을 감당하길 바라는 기도

　학교와 교육을 주관하시는 하나님, 미션스쿨을 위해서 기도합니다. 100여 년 전 이 땅에 학교를 만드신 주님의 뜻과 은혜를 다시 생각하는 시간이 되게 하여 주옵소서.

　이 땅에 빛과 희망이 없을 때에 주님이 만드신 학교가 빛과 희망이었습니다. 그 학교를 통해서 지도자가 세워졌고 나라를 위해 기도하는 자가 생겼으며 나라를 위해 애쓰고 힘쓰는 주님의 일꾼이 나타났습니다.

　이제 주님, 기독교학교의 선교의 사명을 다시 기억하며 아뢰오니 주님의 지상명령인 선교, 학원복음화의 사명을 충실하게 감당하게 하옵소서. 예수 그리스도의 복음의 빛 아래서 학생들의 중심을 변화시키는 교육의 장이 되게 하시고, 여러 다양한 방법을 통해 복음을 접하는 봉로가 있게 하옵소서. 이러한 기독교학교의 노력으로 말미암아 학교 안에서 하나님의 방법과 뜻대로 살기로 다짐하는 주님의 제자들이 자라나게 하옵소서. 이를 위해 무릎 꿇고 주님께 질문하고 들으며 그것을 가지고 온전한 교육이 이루어지도록 인도하옵소서. 주님을 증거하며 주님의 제자 삼는 사역이 끊이지 않게 하옵소서. 예수님의 이름으로 기도합니다. 아멘.

　　네 부모를 공경하라, 네 이웃을 네 자신과 같이 사랑하라 하신 것이니라_마 19:19.

오늘의 기도

매일기도 ☐ 학부모구호 ☐

140 5월 20일

"가정을 떠나 있을 때가 가장 즐겁다"고 말하는 남편이나 아내를 보면 매우 불쌍한 생각이 든다_찰스 H 스펄전

기독교학교 정상화를 위한 기도_기독교학교의 변화

이 땅에 세운 기독교학교를 사랑하시는 하나님의 긍휼을 구하며 기도합니다. 기독교학교가 심각한 정체성 위기 앞에서 스스로를 돌이켜, 겸손히 반성하고 기도하며 하나님을 찾아 선한 변화를 이루게 하옵소서.

시대와 학생들의 변화에 맞추어 종교교육과 선교활동이 이루어지게 하옵소서. 또한 학교의 모든 활동 방식이 하나님의 뜻과 그리스도의 인격을 따르게 하시고, 학교 운영에서도 복음의 향기가 살아 있게 하옵소서. 또한 기독교교육을 위한 좋은 교육과정과 교육내용, 교육방법 등이 개발되어 효과적인 신앙교육이 이루어지게 하시고, 기독교학교를 섬길 헌신되고 전문적인 사역자를 보내 주옵소서.

이 땅의 모든 기독교학교가 교육의 영역뿐 아니라 학교운영의 전 영역에서 기독교학교가 되게 하셔서 복음의 영향력이 기독교학교로부터 모든 학교와 학생들에게 흘러가게 하옵소서. 예수님의 이름으로 기도합니다. 아멘.

> 이러므로 남자가 부모를 떠나 그의 아내와 합하여 둘이 한 몸을 이룰지로다
> _창 2:24.

오늘의 기도

매일기도 ☐ 학부모구호 ☐

141 5월 21일

자녀가 성장해 가면서 부모를 잊는 것은
부모의 교육이 나빴기 때문이다_탈무드

부부의 자녀교육에 대한 책임 전가를 회개하는 기도

부족하고 연약한 우리를 부모로 부르신 하나님, 우리를 자녀교육에서 가장 중요한 책임자로 믿고 맡겨 주시니 감사합니다.

하나님께서는 아버지의 역할이 있기에 자녀에게 아버지를 주셨고 어머니의 역할이 있기에 자녀에게 어머니를 주셨습니다. 그러나 우리는 그 역할을 제대로 감당하지 못한 채, 자녀교육은 전적으로 엄마의 역할이라며 아내에게 책임을 전가하기도 했고, 아버지가 권위가 있다는 이유로 남편에게 그 책임을 전가하기도 했습니다. 자녀를 바른길로 인도하기 위해 함께 기도하고 합력하며 선을 이루지 못했던 우리의 모습을 용서해 주옵소서.

이제 우리 자녀의 문제에 대해 두 손을 맞잡고 하나님 앞에 무릎을 꿇는 부모가 되기를 원합니다. 자녀교육이 어렵고 피곤한 일일지라도 자녀와 관련된 모든 것을 함께 고민하고 대화하며 기도하기를 기쁘게 여기는 부모가 되게 하옵소서. 우리 가정에 아버지와 어머니의 자리가 아름답게 세워지도록 도와주옵소서. 예수님의 이름으로 기도합니다. 아멘.

> 성령의 감동으로 성전에 들어가매 마침 부모가 율법의 관례대로 행하고자 하여 그 아기 예수를 데리고 오는지라_눅 2:27.

오늘의 기도

매일기도 □ 학부모구호 □

142 5월 22일

가정을 사랑하는 마음에는 애국심이 뿌리박고 있다_찰스 디킨스

음악을 통해 하나님의 뜻과 진리를 발견하길 바라는 기도

온 세상을 아름답게 창조하신 하나님, 모든 피조물이 드리는 찬양을 받으시옵소서. 하나님은 모든 피조물이 하나님을 기뻐하고 하나님께 영광돌리는 통로로써 음악을 주셨습니다. 뿐만 아니라 음악을 통해 하나님의 완전하심과 아름다움을 발견하고 하나님의 진리를 깨닫게도 하셨으니 이 땅의 음악이 하나님께로 나아가는 거룩한 통로가 되기를 원합니다.

하지만 오늘날 음악은 사람의 뜻을 담고, 사람의 영광을 이루는 도구가 되었습니다. 음악이 상업적으로 이용되어 돈을 벌게 해 주고, 사람의 욕심을 섬기는 종이 되었습니다. 하나님의 음악이 아니라 세상의 음악이 모든 곳에 가득합니다. 학교에서는 입시와 성적 중심 문화 때문에 음악 수업이 줄거나 없어져서 음악 자체를 만날 수 있는 시간도 사라지고 있습니다.

하나님, 음악 수업이 살아나게 하옵소서. 학생들의 정서가 회복되고, 음악을 통한 영성이 살아나게 하셔서 자라나는 세대가 음악을 통해 하나님을 만나고 하나님의 뜻과 진리를 발견하게 하옵소서. 예수님의 이름으로 기도합니다. 아멘.

> 너희 각 사람은 부모를 경외하고 나의 안식일을 지키라 나는 너희의 하나님 여호와이니라_레 19:3.

오늘의 기도

매일기도 □ 학부모구호 □

143 5월 23일

> 가정의 기도보다 더 요긴한 것은 없다.
> 가정의 단란함이 이 세상에서 가장 빛나는 기쁨이다.
> 그리고 자녀를 보는 즐거움은 사람의 가장 거룩한 즐거움이다
> _ J. H. 페스탈로치

자녀의 분노 조절에 대한 기도

하나님, 자녀가 분노를 무작정 표출하는 것이 아니라 건강하게 조절하는 아이로 자라나길 원합니다. 하나님께서 소망 중에 즐거워하고 환난 중에 참으며 기도에 힘쓰라고 말씀하셨으니 속상하고 곤란한 상황에서도 순종함으로 인내하게 하소서.

마음의 서운함을 인내하지 못하게 하는 것은 사단이 기뻐하는 일임을 압니다. 그렇기에 분노로 인하여 관계가 깨지지 않게 하옵소서. 분을 내어 하나님의 이름을 거룩하게 하는 것에 방해받지 않도록 자녀의 마음을 지켜 주시옵소서. 건강하게 분노를 조절하고 화를 표출하여 속상한 말과 상황에 흔들리지 않는 아이로 자라나게 하옵소서.

분노의 상황에 처할 때에 마음을 돌이켜보고 하나님의 말씀대로 그 상황을 판단하고 해결할 수 있는 지혜 또한 허락하여 주시옵소서. 하나님의 말씀이 자녀의 심령에 뿌리 깊게 내려서 어떤 상황에서도 흔들리지 않고 모든 것을 참으며 바라며 견딜 수 있는 하나님의 거룩한 자녀가 될 줄 믿습니다. 예수님의 이름으로 기도합니다. 아멘.

> 너는 네 하나님 여호와께서 명령한 대로 네 부모를 공경하라 그리하면 네 하나님 여호와가 네게 준 땅에서 네 생명이 길고 복을 누리리라_신 5:16.

오늘의 기도

매일기도 ☐   학부모구호 ☐

부부가 진정으로 사랑할 때는 칼날처럼 좁은 침대에서도 함께 잘 수 있다. 그러나 사이가 좋지 않을 때는 폭이 16미터나 되는 넓은 침대일지라도 비좁다_탈무드

가정 속 상처의 치유와 회복을 위한 기도

가정을 창조하신 하나님 아버지, 하나님이 만드신 것이 모두 선하고 쓸모없는 것이 하나도 없음을 고백합니다. 우리에게 가정을 만들어 주시고 가족도 허락해 주셔서 어머니로(아버지로) 살아갈 수 있게 축복해 주시니 감사합니다.

이 땅에 다양한 모습의 가정이 존재하며, 각 가정마다 하나님의 사랑과 긍휼이 필요한 부분이 많습니다. 가정 속에 서로를 해치고 상처 주는 부분이 있다면 돌이켜 하나님의 사랑으로 상처를 치유하고 회복하게 하옵소서.

혹여나 자녀의 마음에 채울 수 없는 공허함, 외로움이 존재한다면, 사랑의 하나님이 그 부분을 채워 주시고, 회복시켜 주시기를 소망하며 부모로서 우리 자녀들을 끝까지 책임지고 양육하며 사랑을 베푸는 우리에게도 힘과 위로와 사랑을 베풀어 주시옵소서.

가정의 상처로 인하여 자녀들이 이 사회에서 소외받지 않게 하시고, 하나님의 사랑으로 빈 마음이 채워지게 하시며, 건강한 교육이 가정 안에서 회복될 수 있도록 인도하여 주시옵소서. 예수님의 이름으로 기도합니다. 아멘.

> 만일 어떤 과부에게 자녀나 손자들이 있거든 그들로 먼저 자기 집에서 효를 행하여 부모에게 보답하기를 배우게 하라 이것이 하나님 앞에 받으실 만한 것이니라_딤전 5:4.

오늘의 기도

매일기도 ☐ 학부모구호 ☐

> 가정은 행복을 저축하는 곳이지 행복을 캐내는 곳이 아니다.
> 얻기 위해 이루어진 가정은 반드시 무너지고,
> 주기 위해 이루어진 가정은 행복하다_우치무라 간조

미션스쿨이 성화의 사명을 감당하길 바라는 기도

　우리를 빛 가운데로 부르셔서 의의 열매를 거두게 하시는 하나님, 오늘날 기독교학교를 생각하면서 주님의 은혜로 거룩하게 변화되는 걸음을 걷기를 기도합니다. 학교에 속한 모든 교육자가 지속적인 경건의 시간을 가지고 부단히 영성을 훈련받아 그리스도의 인격과 거룩하심을 본받게 하옵소서.

　학생들이 교사와 교직원들의 만남을 통해 그리스도의 인격을 알고 닮아가는 은혜를 주시옵소서. 기독교학교의 공동체가 성화되고 그리스도의 온전하심을 닮아가게 하옵소서.

　이를 위해 주님을 알아가는 성경공부 모임이 일어나게 하시고, 학생과 교사, 교직원이 하나 되어 거룩한 기도의 제단을 쌓을 수 있는 기도의 장이 펼쳐지게 하옵소서. 인격과 삶에서 변화된 교사와 교직원을 통해 자라나는 학생들 마음속에 존경과 깊은 신뢰가 싹트게 하옵소서. 예수님의 이름으로 기도합니다. 아멘.

> 네 부모를 공경하라 그리하면 네 하나님 여호와가 네게 준 땅에서 네 생명이 길리라_출 20:12.

오늘의 기도

매일기도 ☐ 학부모구호 ☐

 5월 26일

세상에서 그 무엇과도 바꿀 수 없는 것은 젊었을 때 결혼해서 함께 살아온 늙은 아내이다_탈무드

학교가 자녀의 진로탐색의 환경이 되길 간구하는 기도

때를 따라 자녀를 성장시켜 주신 하나님, 학교를 통해 새로운 지식을 배우고 익힐 수 있게 해 주심에 감사합니다. 자녀가 학교에 잘 적응하게 해 주시고 학년이 바뀌어 진급할 때마다 지나친 부담이나 스트레스를 받지 않고 즐겁게 학교에 다닐 수 있게 하소서.

특별히 세상의 지식만을 배우고 스펙을 쌓아가기 위한 교육이 되지 않기를 원합니다. 교육을 통하여 자신의 장점이 무엇인지 알게 하시고 관심 있는 것이 무엇인지 그리고 앞으로 무엇을 하며 살아갈 때 가장 행복할 수 있을지를 깨닫게 하여 주시옵소서. 그리하여 자신의 진로를 잘 결정할 수 있는 환경을 조성하여 주시옵소서.

좋은 선생님을 만나게 하셔서 아이의 진로와 소명에 대한 올바른 가르침을 받게 하시고 그를 통해 밝은 미래를 꿈꿀 수 있게 해 주시옵소서. 또한 학년마다 신실한 선배와 친구들과의 만남도 허락하셔서 진로에 대한 꿈과 고민을 함께 나누며 학교를 졸업한 후 직장과 사회생활에서 하나님의 나라를 이루어 가는 생기 있는 자녀로 굳게 서 가게 하소서. 예수님의 이름으로 기도합니다. 아멘.

보라 내 언약이 너와 함께 있으니 너는 여러 민족의 아버지가 될지라_창 17:4.

오늘의 기도

매일기도 ☐ 학부모구호 ☐

147 5월 27일

가족들이 서로 맺어져 하나가 되어 있다는 것이
정말 이 세상의 유일한 행복이다_마리 퀴리

음란물 중독으로부터 자녀를 보호하길 간구하는 기도

거룩한 하나님, 우리 자녀들을 이 세상과 구별되게 거룩한 자녀로 택하시고 불러 주심에 감사합니다. 그러나 이 시대는 세상의 악한 음란 문화들이 여러 대중매체와 온라인 PC 게임 등을 통해 우리 자녀를 유혹하고 있습니다. 그래서 우리 자녀 안에 있는 죄가 빛 되신 예수님을 따르기보다 어둡고 음란한 곳에 거하길 즐겨 합니다. 주님, 이 죄악 된 세대를 용서하여 주옵소서.

우리 자녀가 복음 안에서 바른 분별력을 지니고 하나님이 기뻐하시는 생각과 뜻을 좇게 하여 주시옵소서. 쉽게 접할 수 있는 음란물의 유혹으로부터 생각과 마음과 영혼을 지키게 하여 주옵소서. 음란물로 인해 잠깐 느끼고 허무하게 사라지는 쾌감보다 구별되게 자신을 지켜 건강한 성의식을 갖게 하옵소서.

그리하여 건강한 가정을 이루기까지 스스로의 몸을 거룩히 지키게 하여 주시고, 서로의 몸을 존중히 여기며, 생명과도 직결된 성의 문제를 함부로 다루지 않게 하여 주옵소서. 자연스럽게 생겨나는 성적인 욕구를 건전한 방법으로 해결할 수 있는 지혜와 용기를 주시옵소서. 예수님의 이름으로 기도합니다. 아멘.

내 아들아 네 아비의 훈계를 들으며 네 어미의 법을 떠나지 말라_잠 1:8.

오늘의 기도

매일기도 ☐ 학부모구호 ☐

148 5월 28일   부모는 자기 자녀들이 영적 존재라는 사실을 존중하며
경외심을 가지고 다가가야 한다_조지 맥도날드

결손 가정을 위한 기도

모든 가정의 주인 되신 하나님께 감사를 드립니다. 하나님의 말씀과 방법대로 가정을 이루시고 세우신 그 은혜에 감사합니다. 세상의 많은 형태의 가정 중 한부모, 조부모 가정을 위해 기도합니다. 그 가정의 주인 또한 하나님이심을 고백합니다.

교육의 현장에서 한부모, 조부모 가정의 자녀들이라 하여 소외받는 일이 없게 하옵소서. 친구들에게 따돌림받거나 놀림받지 않게 하시고, 그 가정이 틀린 가정의 형태가 아니라 우리 삶 속에서 일반적으로 마주칠 수 있는 다른 가정의 모습이라는 사실을 알게 해 주시옵소서.

하나님의 교육의 생기가 그곳에도 임하여 자녀들이 교육을 통해 회복되게 하시고, 결손 가정의 기독학부모들이 바르게 서서 부모가 한 명이든, 조부모이든 부족한 부분이 하나님의 사랑과 은혜로 채워지게 하옵소서. 그리하여 이 땅의 모든 자녀가 공평한 하나님의 교육의 은혜로 세워지게 하옵소서. 예수님의 이름으로 기도합니다. 아멘.

너를 낳은 아비에게 청종하고 네 늙은 어미를 경히 여기지 말지니라_잠 23:22.

오늘의 기도

매일기도 □ 학부모구호 □

149 5월 29일

하나님 없이는 삶(자녀)을 이해할 수 없다 _러시아 속담

기쁨의 성품을 위한 기도

우리의 기쁨이 되시는 하나님 아버지께 감사를 드립니다. 하나님께서 우리에게 베풀어 주신 은혜와 섭리를 생각하면 우리의 삶에 늘 기쁨이 넘쳐야 함에도, 여전히 불평과 불만이 앞서는 우리의 연약함을 불쌍히 여겨 주시옵소서.

하나님, 우리의 자녀가 주님이 주신 '기쁨'의 성품을 지닌 자녀로 자라나길 원합니다. 인생의 길을 걷다 보면 불현듯 마주하게 되는 슬픔과 고통, 근심 가운데서도 하나님께서 주신 기쁨의 성품을 지니게 하시어 기쁨으로 찬양하는 자녀로 자라나게 하옵소서. 환난 가운데서도 믿음으로 기쁨의 열매를 삶 속에서 맺게 하옵소서.

늘 심령 깊은 곳에서부터 나오는 기쁨의 성품을 지닌 자녀를 통하여 이 땅에서 눈물 흘리는 많은 이들이 하늘의 위로를 받게 하소서. 하나님의 성품, 기쁨을 자녀에게 허락하여 주심에 감사를 드리며 예수님의 이름으로 기도합니다. 아멘.

젊은 자의 자식은 장사의 수중의 화살 같으니 _시 127:4.

오늘의 기도

매일기도 □ 학부모구호 □

아이들은 부모의 말씨를 흉내 낸다.
아이의 말씨만으로 그 부모의 성품을 알 수 있다 _탈무드

기독교학교 정상화를 위한 기도 _교회의 지원과 협력

이 땅의 기독교학교를 사랑하시는 하나님, 오늘날 기독교학교가 직면하고 있는 도전들을 극복해 나가기 위해서는 한국교회의 지원과 협력이 필수적임을 깨닫습니다. 이를 위해 그동안 한국교회가 많은 노력과 헌신을 하게 하시니 감사합니다. 하지만 그 과정 속에서 더 성숙해지고 더 해결되어야 할 부분이 있음을 고백합니다.

하나님, 기독교학교를 기독교학교답게 만들고, 학교 본래의 건학이념에 맞게 교육할 수 있도록 만드는 일이 한국교회의 중요한 사명임에도 불구하고, 이 일에 최선을 다하지 못했습니다. 이 일에 더 전문적이고 영향력 있는 대응을 하게 하시고, 기독교교육의 현장이자 선교의 현장인 기독교학교를 위한 재정과 인력 투자가 풍성해지게 하옵소서.

주님, 한국교회가 기독교학교를 소중히 여겨, 기독교학교를 위해 마땅한 수고와 대가를 치르게 하옵소서. 교회와 학교의 연계를 통하여 하나님의 아름다운 사역들이 펼쳐지게 하옵소서. 예수님의 이름으로 기도합니다. 아멘.

> 보라 자식들은 여호와의 기업이요 태의 열매는 그의 상급이로다 _시 127:3.

오늘의 기도

매일기도 ▢   학부모구호 ▢

151 5월 31일 가정을 다스리지 못하는 자는 나라를 다스릴 수 없다_플라톤

미션스쿨이 선교의 사명을 감당하길 바라는 기도

참 빛이신 하나님, 기독교학교가 선교적 사명을 감당하도록 하여 주옵소서. 기독교학교가 세워진 것은 세상과 학생들을 향한 하나님의 부르심이라는 것을 기억하게 하여 주옵소서. 온전한 복음이 전해지지 않으면 우리가 기독교교육을 한다고 말할 수 없음을 잊지 않도록 하여 주옵소서.

지금 공교육 안에서 직접적인 복음전파를 가로막는 장애요인이 많지만, 다양한 방법으로 복음을 전할 수 있도록 인도하여 주시옵소서.

특히 학교로 보냄받은 선교사로서 교사들을 깨우쳐 주시되, 그의 수업과 학급운영, 상담과 눈빛, 미소와 인격으로 복음을 전하게 하소서. 또한 예배나 종교시간뿐만이 아니라 CA, 동아리, 그리고 수련회나 캠프, 일대일 전도 등을 통해 적극적인 선교를 펼쳐 나가게 하옵소서. 기독교학교의 모든 교육과정과 분위기를 통하여 선교적 사명을 감당할 때 그 학교들을 이 땅 교육의 빛과 소금으로 서게 하옵소서. 예수님의 이름으로 기도합니다. 아멘.

> 세계가 다 내게 속하였나니 너희가 내 말을 잘 듣고 내 언약을 지키면 너희는 모든 민족 중에서 내 소유가 되겠고_출 19:5.

오늘의 기도

매일기도 ☐ 학부모구호 ☐

6월의 기도

기독학부모 기도운동 시리즈
두 번째 주제는 **'생기'** 입니다.
그리고 6월의 묵상 주제는
'나라사랑' 입니다.
기도를 돕는 격언과 말씀은
나라사랑과 관련됩니다.

6월 첫날의 기도

생명의 근원되시며 나라의 기초가 되시는 하나님!
새생명의 운치가 날로 더해 가는 6월, 플라타너스 너머로 보이는 푸른 하늘과 맑은 구름이 마음을 시원하게 합니다. 주님이 온 세상의 주인으로서 구성하여 주신 이 땅이 참으로 귀하게 여겨지는 이때에 우리나라를 생각하며 주님께 기도합니다.

하나님, 우리나라 역사 굽이굽이마다 어렵지 않은 때가 없었습니다. 외세의 침략과 정치적 위기, 경제적 어려움과 국민 화합의 위기 등 여러 환난 속에서도 특유의 지혜와 민족성으로 세계 속에서 당당하게 '대한민국'으로 서 가게 하시니 감사합니다. 이 모든 것이 주님의 은혜임을 고백하며, 믿음의 사람으로서 국가에 대한 책무성을 지니고 더욱 기도하게 됩니다.

하나님, 북한과 대치되어 있는 안타까운 현실 가운데서 더욱 기도하고 인내하고 사랑하며 통일의 길로 나아갈 수 있도록 인도하여 주시고, 분단 국가의 설움이 다음세대에 이어지지 않도록 도와주시옵소서.
북한과 우리나라의 교육현실이 너무나도 큰 차이가 있어 통일 이후의 교육에도 어려움이 예상되지만 하나님의 화목케 하는 은혜로 회복되게 하옵소서. 교육을 통하여 먼저 통일을 준비하며 하나 됨의 기쁨을 맛보게 하옵소서. 예수님의 이름으로 기도합니다. 아멘.

153 6월 2일 그대는 매일 5분씩이라도 나라를 생각해 본 일이 있는가?_도산 안창호

자녀의 시험에 대한 부모의 가치와 태도를 위한 기도

최고의 선물을 자녀로 주신 하나님, 진심으로 감사를 드립니다. 하나님께서 주신 믿음의 자녀가 아름답게 자라나 시험을 맞이하게 되었습니다. 세상의 많은 부모들과 같은 방법과 기준으로 자녀를 대하지 않게 하옵소서. 믿음의 부모가 된 우리는 시험을 앞둔 자녀에게 구별된 기준과 방법으로 다가가게 하옵소서.

결과만 좋으면 어떠한 방법을 써도 상관없다는 식의 가치관으로 자녀를 가르치지 말게 하시고, 자녀가 정직하고 바르게 시험을 대하며 준비하는 과정 가운데서도 성실과 충실함으로 나아가도록 자녀의 조력자가 되게 하옵소서.

시험이 자녀의 인생의 한 관문이며 자라나는 과정임을 겸허히 받아들이게 하시고, 하나님께서 우리를 믿고 신뢰하시듯 우리 역시 자녀들을 신뢰하며 그들의 든든한 버팀목이 될 수 있도록 부모가 먼저 성장하고 자라도록 이끌어 주옵소서. 예수님의 이름으로 기도합니다. 아멘.

> 그에게 권세와 영광과 나라를 주고 모든 백성과 나라들과 다른 언어를 말하는 모든 자들이 그를 섬기게 하였으니 그의 권세는 소멸되지 아니하는 영원한 권세요 그의 나라는 멸망하지 아니할 것이니라_단 7:14.

오늘의 기도

매일기도 ☐ 학부모구호 ☐

154 6월 3일 — 국가 존망의 위기를 보면 천명을 받은 것 같이 생각하고, 이익을 보면 먼저 정의를 생각하라 _안중근

'기독' 학부모(교회봉사형)임을 회개하는 기도

우리를 기독학부모로 부르시고 하나님께서 기뻐하시는 교육에 열망을 갖게 하신 하나님, 우리를 참 진리의 길로 인도하시고 소망의 길을 갈 수 있도록 어두운 눈과 마음을 일깨워 주시니 참 감사합니다.

그러나 우리는 종종 성숙하지 못한 모습으로 자녀를 시험 들게 했습니다. 교회에서 즐겁게 헌신하고 봉사하는 것과 마찬가지로 가정을 돌보고 자녀의 삶에 관심을 가져야 함에도 불구하고, 우리는 교회에서 봉사하는 일에 최선을 다하면 하나님께서 모든 것을 책임져 주시리라는 생각으로 자녀에게 관심을 갖지 못했습니다. 우리의 모습을 긍휼히 여겨 주옵소서.

교회뿐만 아니라 가정에서도 하나님께서 기뻐하시는 삶을 살아가는 부모가 되도록 지혜를 주시고 바른 눈을 열어 주옵소서. 예수님의 이름으로 기도합니다. 아멘.

> 나라와 권세와 온 천하 나라들의 위세가 지극히 높으신 이의 거룩한 백성에게 붙인 바 되리니 그의 나라는 영원한 나라이라 모든 권세 있는 자들이 다 그를 섬기며 복종하리라 _단 7:27.

오늘의 기도

매일기도 □ 학부모구호 □

155 | 6월 4일

오늘 형한테 분명히 말해 두지만, 언제 어디서고 자유가 위협당한다면, 목숨 걸고 지킬거야 _프란츠 파농

윤리를 통해 하나님의 뜻과 진리를 발견하길 바라는 기도

세상의 정의와 공의의 기준이 되시는 하나님을 찬양합니다. 하나님의 법이 온 세상에 가득하여 이웃, 공동체, 사회, 나라 모든 곳에서 함께 어울려 사는 아름다운 하나님의 윤리가 가득하게 하옵소서.

하나님 세상의 윤리교육은 올바른 생활태도와 가치관 정립을 목적으로 합니다. 그런데 올바름의 기준을 사람이 정하니 태도와 가치관이 혼란스럽고, 충돌하며, 무너지고 있습니다. 끔찍한 범죄가 많아지고, 사람의 관계가 깨져서 가정도, 학교도, 사회도 망가지고 있습니다. 돈과 재산, 성공의 가치가 사람의 가치를 눌러 이기다 보니 사람들의 태도가 황폐해지고, 심지어 사람의 욕심이 하늘을 찔러 자연과 생태에 이르기까지 하나님의 선한 통치의 질서가 깨지고 있습니다. 사람들마다 바른 윤리가 아니라 악한 윤리를 가지고 살아가게 되었습니다.

하나님, 학교의 윤리교육의 올바름을 회복하게 하옵소서. 하나님의 윤리가 모든 윤리의 기준이 되어 학생들이 세상을 향한 하나님의 뜻과 진리를 알고 성경적인 태도와 가치관을 배우게 하옵소서. 예수님의 이름으로 기도합니다. 아멘.

나라들은 네 빛으로, 왕들은 비치는 네 광명으로 나아오리라 _사 60:3

오늘의 기도

매일기도 □ 학부모구호 □

 **6월 5일** 국가가 나를 위해서 무엇을 해 줄 것을 바라기에 앞서, 내가 국가를 위해 무엇을 할 것인가를 생각해야 한다 _J. F. 케네디

이 땅의 새터민 가정을 위한 기도

사람의 중심을 보시며 차별하지 않으시는 하나님 아버지, 우리 주변에는 새로운 땅에 정착하여 가정을 이루어 살아가기 위해 목숨 걸고 국경을 넘은 새터민 가정들이 있습니다. 혹여나 정치적으로, 경제적으로, 사회적으로 소외되기 쉬운 새터민들을 살펴 주옵소서.

무엇보다 교육적인 혜택에서 소외받지 않게 해 주시고 모든 아이들이 의무적으로 받는 교육의 기회가 새터민 자녀들에게 공정하게 적용될 수 있도록 하나님께서 모든 정책과 환경을 조성해 주옵소서. 하나님의 공평과 정의가 물과 같이 그들과 우리 가운데 동일하게 임하기를 원합니다.

또한 이 땅의 모든 자녀가 새터민 가정의 자녀들을 편견과 선입견으로 대하지 않고 사랑으로 대할 수 있도록 하옵소서. 함께 공존하는 교육을 회복시켜 주사, 이 땅의 각 가정 가운데 하나님의 생기가 넘쳐나게 하옵소서. 예수님의 이름으로 기도합니다. 아멘.

주의 나라는 영원한 나라이니 주의 통치는 대대에 이르리이다_시 145:13.

오늘의 기도

매일기도 □ 학부모구호 □

157 6월 6일

> 나는 우리나라가 세계에서 가장 아름다운 나라가 되기를 원한다. 우리나라가 독립하여 정부가 생기거든 그 집의 뜰을 쓸고, 유리창을 닦는 일을 해 보고 죽게 하소서 _백범 김구

평화 교육의 회복을 위한 기도

진정한 평화가 무엇인지 가르쳐 주신 하나님, 그러나 우리의 삶은 진정한 평화를 느끼지 못할 때가 많이 있습니다. 우리나라는 남북으로 갈라져서 아직까지도 군사적으로 대립하는 가운데 있으며, 세계 곳곳에서는 내전이 그치지 않고 있습니다. 뿐만 아니라 우리는 개인적으로도 평화를 느끼지 못할 때가 많습니다.

하나님, 평화를 회복시켜 주시옵소서. 갈등과 분쟁은 사랑 안에서 사라지게 해 주시옵소서. 하나님께서 원하시는 평화의 사람을 키워 내기 위해서 우리가 평화 교육을 시도하게 하옵소서. 자녀들이 학교 안에서 평화가 얼마나 중요한 것인지 배워 갈 수 있도록 도와주시고, 그 안에서 실제로 평화를 경험하게 하옵소서.

가정에서, 학교에서, 교회에서 그리고 세상 속에서 주님의 참된 샬롬이 회복되게 하옵소서. 평화에 대한 가치를 인식하고 이를 가르치며 배우는 일들이 활발히 일어나게 하옵소서. 예수님의 이름으로 기도합니다. 아멘.

> 나라는 여호와의 것이요 여호와는 모든 나라의 주재심이로다 _시 22:28.

오늘의 기도

매일기도 ☐ 학부모구호 ☐

나에게 있어서 애국심은 인류애와 동일하다.
나는 인간이요, 인간이기 때문에 애국자이다_마하트마 간디

화평의 성품을 위한 기도

　화평케 하는 자는 복이 있다고 말씀하신 사랑의 하나님께 감사를 드립니다. 부모 된 우리가 먼저 따뜻하고 깨끗한 심령을 갖지 못한 것을 용서하여 주옵소서. 주님의 사랑이 부모인 우리로부터 흘러나와 자녀들이 화평케 하는 자가 되고 하나님의 아들이라 일컬음 받기를 원합니다. 그리하여 가정 곳곳마다 평화의 강이 흘러넘치게 하여 주옵소서.

　막힌 담을 허무신 예수님, 예수님을 통하여 자녀가 하나님과 화평하길 원합니다. 화평의 끈이 이어져 이웃과도 화평한 자로 성장하게 하옵소서. 화평의 성품을 통하여 자녀가 자신과의 갈등뿐 아니라 가족과의 문제도 해결 받게 하옵소서.

　자녀가 가는 곳마다 분쟁과 시기와 미움이 사라지고 이 땅에 화평의 씨를 심어 의의 열매를 거두길 소망합니다. 화평할 뿐 아니라 화평하게 하는 은혜 또한 자녀와 우리 가정에 내려 주시어 하나님의 화평의 생기가 넘쳐나게 하옵소서. 예수님 이름으로 기도합니다. 아멘.

> 예수께서 대답하시되 내 나라는 이 세상에 속한 것이 아니니라 만일 내 나라가 이 세상에 속한 것이었더라면 내 종들이 싸워 나로 유대인들에게 넘겨지지 않게 하였으리라 이제 내 나라는 여기에 속한 것이 아니니라 _요 18:36.

오늘의 기도

매일기도 ☐　학부모구호 ☐

 나라를 위해서 몸을 바치는 것이 군인의 본분이다_안중근

말씀을 통한 가정의 변화를 위한 기도

하나님, 하나님의 말씀이 능력됨을 믿습니다. 그 능력의 말씀이 제 삶에 임하였던 것처럼 자녀의 삶에 임하고 더 나아가 가정 가운데 임하기를 소망합니다. 말씀을 읽고, 그 말씀대로 살아가는 우리 가정의 말씀 문화를 통하여 가정이 바르게 회복되게 하옵소서.

부부의 관계, 자녀들의 관계, 부모와 자녀의 관계 속에서 분명히 어그러지고 아픈 부분이 있습니다. 가정의 모든 구성원이 이 문제를 들고 기도하며 해결해 나아갈 때, 하나님의 말씀만이 해결책이 되고 방법이 되기를 원합니다. 다른 곳에서 해답을 찾기보다 말씀에 순종하며 살아갈 때 문제가 해결되고, 더 견고히 서 가는 가정이 되게 하옵소서.

그리하여 우리 가정 안에 말씀이 흥왕하여 세력을 얻게 하시고, 새로운 피조물이 되는 역사를 목도하게 하옵소서. 늘 말씀 안에 역사하시는 예수님의 이름으로 기도합니다. 아멘.

> 참으로 크도다 그의 이적이여, 참으로 능하도다 그의 놀라운 일이여, 그의 나라는 영원한 나라요 그의 통치는 대대에 이르리로다_단 4:3.

오늘의 기도

매일기도 □ 학부모구호 □

국가란 어머니와 같은 것이다 _소크라테스

인지발달을 위한 기도 _ 영·유아기의 자녀

생명의 주인되신 하나님, 세상 그 어느 것과도 비교할 수 없는 귀한 선물인 우리 자녀를 선물로 주심에 감사합니다. 지혜와 키가 자라가며 하나님과 사람에게 더욱 사랑스러워 가셨던 예수님처럼 우리 자녀 역시 몸과 마음이 강건한 아이로 자라나게 하시고, 지혜로운 아이로 자라게 하여 주옵소서.

영유아인 자녀가 작은 입, 작은 눈, 작은 귀, 작은 손으로 세상을 배워 나갈 때이니만큼 아이의 감각을 통해 세상을 배울 때 다양한 것을 만져 보고 경험하고 느낄 수 있도록 가정 안에서 교육 환경을 조성하게 하옵소서.

하나님, 저희에게는 주님께서 맡겨 주신 자녀를 키울 만한 지혜와 사랑이 부족합니다. 자녀가 걷고 말을 할 때 다른 자녀와의 속도를 비교하며 조급해하기보다 우리 아이의 고유한 속도를 기다리며 하나님의 마음과 지혜를 부어 주셔서 하얀 백지장과 같은 우리 자녀의 생각과 마음속에 사랑의 하나님, 참 좋은 하나님을 그려 줄 수 있는 부모가 되게 하여 주시고, 우리가 하나님을 신뢰하는 것처럼 우리 자녀에게 참으로 신뢰할 만한 부모가 되게 하여 주옵소서. 예수님의 이름으로 기도합니다. 아멘.

여호와여 주께서 이 나라를 더 크게 하셨고 이 나라를 더 크게 하셨나이다 스스로 영광을 얻으시고 이 땅의 모든 경계를 확장하셨나이다 _사 26:15.

오늘의 기도

매일기도 ☐ 학부모구호 ☐

161 6월 10일

모든 국민은 각자 자기의 천직에 전력을 다하라.
이것이 조국에 봉사하는 길이다 _요한 볼프강 폰 괴테

미션스쿨이 기독교교육의 사명을 감당하길 바라는 기도

모든 지식과 지혜의 주권자 되시는 하나님, 학교에서 이루어지고 있는 교과목의 배움, 가르침, 교수 방법에서도 주인 되시는 주님을 찬양합니다.

예수님의 가르침 위에 세워진 미션스쿨이 지식의 토대 위에서 굳건히 서게 하여 주시고, 기독교적인 근본 위에 선 연결점을 우리가 찾을 수 있도록 지혜를 주시옵소서. 교육자들에게 학문함의 지혜를 주셔서 올바르게 연구할 수 있게 하여 주옵소서.

우리의 배움, 교과 지식은 예수 그리스도를 아는 지혜에서 나오며, 우리의 지식은 하나님께서 세상을 만드신 그 법칙 가운데 있음을 기억하게 하여 주옵소서. 모든 교과도 지식도 학문의 주관자이신 하나님 앞에 순종하여야 하는 영역임을 알게 하시고, 우리가 진심으로 무릎 꿇게 하여 주옵소서. 그래서 기독교학교가 영성과 지성, 신앙과 학문의 통합이 이루어지도록 하옵소서. 예수님의 이름으로 기도합니다. 아멘.

> 내가 너희를 인도하여 여러 나라 가운데에서 나오게 하고 너희가 흩어진 여러 민족 가운데에서 모아 낼 때에 내가 너희를 향기로 받고 내가 또 너희로 말미암아 내 거룩함을 여러 나라의 목전에서 나타낼 것이며 _겔 20:41.

오늘의 기도

매일기도 ☐ 학부모구호 ☐

162 | 6월 11일

> 나는 밥을 먹어도 한국의 독립을 위해 먹고,
> 잠을 자도 한국의 독립을 위해 잔다 _도산 안창호

기독교학교 정상화를 위한 기도 _정상화 기구 설립

하나님, 한국교회의 미래를 준비하는 기독교학교 사역을 위해 기도하게 하심을 감사합니다. 이 땅의 기독교학교 사역을 생각할 때, 기독교학교를 도울 전문 기구가 필요함을 느낍니다. 기독교학교와 관련된 다양한 전문가들을 묶어 내고, 필요한 법, 제도, 정책 수립을 위해 대정부 활동을 하며, 실천적 대안을 만들어 낼 기구를 세워 주옵소서.

기독교학교의 정상화를 위해서는 관련 법, 제도적 문제 해결이 필요하고, 이를 뒷받침할 수 있는 기독교학교의 내부 노력과, 이를 추진해 나갈 전문적 기구 활동이 필요합니다. 기독교학교 정상화를 위한 기구를 세워 주시어서 계획되어 있는 정책 및 해외 사례연구, 종교교육 개선을 위한 커리큘럼 연구 등을 실시하게 하소서. 이 모든 과정이 주 안에서 순적하게 이루어지게 하옵소서.

그 기구를 통해 오늘날 공교육 현실에서 어려움을 겪고 있는 기독교학교들이 본래의 학교 건학이념에 맞는 기독교교육을 하게 하옵소서. 또한 이를 도울 교회와 사람들을 보내 주옵소서. 예수님의 이름으로 기도합니다. 아멘.

> 주여 내가 만민 중에서 주께 감사하오며 뭇 나라 중에서 주를 찬송하리이다
> _시 145:11.

오늘의 기도

매일기도 ☐   학부모구호 ☐

조국은 어머니보다도, 아버지보다도, 또 그 밖의 조상들보다도 더욱 귀하고 더욱 숭고하고 더욱 신성한 것이다. 우리는 조국을 소중히 여기고, 조국에 순종해야 한다_소크라테스

기말고사를 앞둔 자녀를 위한 기도

한 학기의 마지막을 맞이하게 하신 하나님, 수많은 아이들이 시험을 통해 자신의 세상적인 가치를 조금이라도 더 올리려고 노력하고 있습니다. 성적을 통해 자신의 가치를 높이기 위해 주변의 친구들을 적대시하는 자녀들을 긍휼히 여겨 주시옵소서.

자녀가 기말고사를 대할 때, 누군가를 눌러 이기려는 마음보다는 자신의 가능성을 발견하고 포용하는 마음을 갖게 하옵소서. 특별히 친구들과 함께 시험을 준비하면서 서로의 가치를 높여 주고 함께 공부하는 분위기가 형성되게 하옵소서. 그리하여 학급 전체가 서로의 부족함을 채워 주는 학급으로 자라나게 하옵소서.

기말고사라는 것이 우리의 부족함을 발견하고 새로운 학기를 준비하는 경계표가 됨과 동시에 함께하는 모든 친구를 더욱 사랑하고 아낄 수 있는 기회가 되게 하옵소서. 예수님의 이름으로 기도합니다. 아멘.

그들이 주의 나라의 영광을 말하며 주의 업적을 일러서_시 145:11.

오늘의 기도

매일기도 □ 학부모구호 □

지구상의 어떤 나라도 자국의 나쁜 정부보다
다른 나라의 좋은 정부를 원하지 않는다 _마하트마 간디

교목의 바른 사역을 위한 기도

이 땅의 다음세대를 위해 기독교학교라는 꿈의 동산을 세워 주시고, 이들을 위해 학교의 목회자를 보내 주셔서 자녀들이 사랑과 소망을 키우며 자라게 해 주심에 감사를 드립니다. 하나님, 이 시간 기독교학교에서 하나님의 일꾼으로 학교와 학생을 위해 열심히 섬기고 있을 목회자들을 위해 기도합니다. 그들이 하나님의 지혜로 맡겨진 사명을 잘 감당하게 하여 주옵소서.

하나님, 기독교학교의 모든 목회자에게 믿음의 눈을 주시어 이 땅의 교육을 향한 하나님의 뜻을 깨달아 무엇을 기도하고 무엇을 위해 일해야 하는지를 알게 하옵소서. 또한 그들에게 사랑의 손을 주시어, 학생들이 바르게 자라고 삶의 가치를 이루며 배움의 기쁨을 맛보는 하나님의 은혜를 누리게 하옵소서. 그리고 그들에게 소망의 마음을 주시어, 상처 입고 쓰러진 이 땅의 학생과 부모를 일으켜 세우시는 하나님의 마음을 전하게 하옵소서. 그래서 기독교학교의 모든 목회자가 이 땅의 교육을 통해서 생명을 자라게 하는 밑거름이 되게 하옵소서. 예수님의 이름으로 기도합니다. 아멘.

> 각 나라 중 하나님을 경외하며 의를 행하는 사람은 다 받으시는 줄 깨달았도다
> _행 10:35.

오늘의 기도

매일기도 ☐   학부모구호 ☐

165 6월 14일 힘없는 정부는 미약하고, 정의 없는 힘은 포악이다_B. 파스칼

온유의 성품을 위한 기도

늘 온유함으로 우리를 기다리시고 바라보시는 하나님, 저와 자녀가 주님의 성품을 닮기를 원합니다. 이 땅에 살아가면서 만나는 수많은 사람들에게 부드러움과 온화함으로 다가가는 자가 되게 하옵소서. 주님이 주신 온유의 성품이 자녀 안에서 자라나 마음의 심지가 깊은 자가 되게 하시고, 때로는 이해하지 못하고 억울한 상황 속에서도 온유하고 담대하게 대처하게 하옵소서.

하나님, 우리의 자녀가 비록 적이라 할지라도 대항하거나 맞서 싸우는 것을 즐겨 하지 않기를 원합니다. 오히려 주님이 주신 온유함으로 그것을 포용하고 이해하는 자녀가 되게 하옵소서. 이 세상과는 다른 방법으로 대처하면서 살아가는 자녀 가운데 하나님의 땅을 기업으로 받는 은혜가 임하게 하옵소서.

또한 부모인 제가 누구보다 자녀의 성품에 관심을 가지고, 먼저 온유함으로 다가가는 통로가 되게 하셔서 온유함의 은혜가 우리 가정으로부터 이 땅 가운데 흘러넘치는 샘의 근원이 되게 하옵소서. 예수님의 이름으로 기도합니다. 아멘.

여호와를 자기 하나님으로 삼은 나라 곧 하나님이 기업으로 선택된 백성은 복이 있도다_시 33:12.

오늘의 기도

매일기도 ☐ 학부모구호 ☐

166 6월 15일

국가의 가치는 결국 그것을 구성하는 개개인의 가치이다_존 스튜어트 밀

시험을 마친 뒤 자녀의 태도를 위한 기도

시험을 잘 마치게 하신 하나님께 감사를 드립니다. 시험을 준비하면서 자녀가 받은 중압감과 스트레스가 많지만 잘못된 방법으로 스트레스를 해소하고 분출하지 않기를 원합니다. 건강한 방법으로 부담감을 털어 내게 하시고, 가벼운 마음으로 결과를 기다릴 수 있는 여유를 허락해 주옵소서.

결과를 통해 자녀 자신을 바로 볼 수 있도록 해 주시고, 결과에 대한 바른 진단을 통해 한 걸음 더 앞으로 나아가는 성숙한 모습을 허락해 주옵소서. 혹시 좋지 않은 결과가 나오더라도 분노하거나 좌절하는 것이 아니라 우리 자신을 더 좋은 방향으로 이끄는 도약의 계기가 될 수 있도록 인도하옵소서.

모든 결과는 하나님께 있고 모든 시험을 통해 하나님께서는 우리를 더 성장시키실 것을 믿음으로 고백합니다. 하나님께서 우리를 이끌고 계심을 신뢰하며 결과에 연연하지 않고 하나님과 동행하는 복된 과정이 되게 하소서. 예수님의 이름으로 기도합니다. 아멘.

> 그는 내 이름을 위하여 집을 건축할 것이요 나는 그의 나라 왕위를 영원히 견고하게 하리라_삼하 7:13.

오늘의 기도

매일기도 ☐ 학부모구호 ☐

167 6월 16일 애국심이란 자기의 조국이 다른 모든 나라보다 고귀하고 우월하다고 믿는 신앙을 말한다_버나드 쇼

기독 '학부모'(세속형)임을 회개하는 기도

하나님의 교육을 통해 자녀의 삶을 행복하게 하실 하나님, 하나님의 교육이 이 땅에 아름답게 이루어지기를 소망하며 기도합니다.

주님, 우리는 하나님을 믿으면서도 그저 교회에만 다닐 뿐, 진짜 하나님을 믿고 의지하는 사람처럼 살지 못했습니다. 특히, 자녀교육에 있어서 하나님을 믿지 않는 사람과 구별되지 않게 살 때도 많았습니다. 자녀의 신앙보다 공부가 먼저였고, 사람들이 좋다고 하는 학원과 교육방식에 귀를 기울이고 따라다녔습니다. 내 자녀가 학업에서 다른 아이들에 비해 뒤떨어지지 않는 것이 어떤 일보다 급선무였고, 하나님의 계획과 방식에는 관심을 갖지 않았습니다. 주일에도 학원 보충이 있으면, 예배를 등한시하기도 했으며, 청년이 되어서 신앙생활을 열심히 해도 늦지 않는다는 안일한 생각을 하기도 하였습니다.

우리의 욕심과 이기심을 용서하여 주시고 하나님께서 기뻐하시는 진짜 믿음의 삶을 살아갈 수 있는 용기를 주옵소서. 예수님의 이름으로 기도합니다. 아멘.

> 하늘은 기뻐하고 땅은 즐거워하며 모든 나라 중에서는 이르기를 여호와께서 통치하신다 할지로다_대상 16:31.

오늘의 기도

매일기도 ☐ 학부모구호 ☐

국민의, 국민에 의한, 국민을 위한 정부는
이 땅에서 영원히 사라지지 않을 것이다_아브라함 링컨

교육의 시야가 넓어지기를 간구하는 기도

우리에게 교육의 본을 보여 주신 하나님, 우리의 교육은 주님이 보여 주신 교육과는 너무나 다른 궤도에 있었습니다. 개인적인 도야와 성취에만 집중하는 교육을 하였고, 신앙마저도 그런 성공을 돕는 도구로 전락할 때가 많았습니다.

하나님, 우리의 교육을 고쳐 주옵소서. 주님이 원하시는 사람이 어떤 사람인지 질문할 수 있도록 도와주시고, 잠깐 좋은 교육이 아니라, 자녀들의 긴 인생 여정을 생각하는 교육이 되게 하옵소서. 단순히 공부 잘하는 가치에 초점을 맞추는 교육에서 자녀들이 본래적 자아로 돌아갈 수 있도록 돕는 교육이 되게 하시며, 그 안에서 자녀들은 가슴 뛰는 인생을 살 수 있도록 도와주시옵소서.

교회와 기독학부모의 가정 그리고 학교에서 전인격적인 자녀들의 성숙을 고려해 교육의 계획을 수립하고 교육에 임할 수 있도록 주님께서 도우심을 허락하여 주시옵소서. 예수님의 이름으로 기도합니다. 아멘.

네 하나님 여호와께서 네게 허락하신 대로 네게 복을 주시리니 네가 여러 나라에 꾸어 줄지라도 너는 꾸지 아니하겠고 네가 여러 나라를 통치할지라도 너는 통치를 당하지 아니하리라_신 15:6.

오늘의 기도

매일기도 ☐ 학부모구호 ☐

나의 모국보다 좋은 것은 없다_크리소스톰스

인지발달을 위한 기도_유치기의 자녀

말씀으로 세상을 창조하신 하나님, 창조 속에 숨겨진 하나님의 놀라운 지혜와 상상력을 바라봅니다. 하나님께서 지혜를 사용하셔서 세상을 아름답게 만드셨듯이 우리 자녀도 하나님께서 주신 지혜와 상상력으로 이 세상을 더욱 아름답고 행복한 하나님의 나라로 변화시키는 일꾼이 되기를 원합니다.

유치기를 지나는 자녀가 이제 조금씩 입이 열리고 언어가 발달하고 있습니다. 세상의 언어를 그 입에 넣어 주기보다는 하나님의 말씀을 넣어 주는 부모가 되게 하옵소서. 소꿉놀이와 같은 모방놀이를 통해 아이가 한층 자랐음을 보게 됩니다. 아직 자녀가 자기 중심적으로 생각하고 행동한다고 하여 다른 사람 입장에서 사고하지 못한다고 안타까워 하는 것이 아니라 하나님이 만드신 성장 속도 안에 자녀가 자연스럽게 자라고 있음을 인정하게 하옵소서.

언어나 논리 수학의 발달에 연연하기보다 또래 친구들과 좋은 관계를 맺어 함께 놀고 배움으로써 지식이 자라고 마음이 자라며 건강한 사회성이 발달할 수 있도록 도와주옵소서. 예수님의 이름으로 기도합니다. 아멘.

> 여호와여 내가 만민 중에서 주께 감사하고 뭇 나라 중에서 주를 찬양하오리니
> _시 108:3.

오늘의 기도

매일기도 □ 학부모구호 □

170 6월 19일   인간 최고의 도덕은 무엇인가? 애국심이다_나폴레옹 보나파르트

가정 안에 신앙의 문화를 만드는 부모이길 간구하는 기도

하나님 아버지, 우리 가정의 주인이 하나님이 되기를 소망합니다. 가정의 곳곳에서 자녀가 하나님을 느낄 수 있기를 원합니다. 부모 된 저희가 가정 안에서 자녀가 하나님을 느끼도록 교육해야 함에도 불구하고, 신앙의 문화를 만들지 못했던 것을 회개합니다.

식탁 공동체를 통하여 가정이 신앙의 문화를 만들게 하옵소서. 함께 식사하는 시간을 가지게 하시고, 하루의 일을 이야기하며, 부모가 자녀의 삶의 문제를 신앙 안에서 해결할 수 있도록 교육하는 장이 되게 하옵소서. 또한 가정 곳곳에 하나님을 경험할 수 있는 말씀과 상징들을 놓아서 자녀가 무의식 중에 찬양하며 하나님과 만날 수 있게 하옵소서.

우선 부모인 제가 먼저 아이에게 다가갈 수 있는 용기를 주시고 자녀를 더 깊이 사랑할 수 있는 마음을 주옵소서. 부모와 자녀 사이를 가로막고 있는 장벽들을 깨뜨려 주시고, 사랑을 위협하는 어떠한 장애물도 극복할 수 있는 믿음과 지혜를 주옵소서. 예수님의 이름으로 기도합니다. 아멘.

땅이 싹을 내며 동산이 거기 뿌린 것을 움돋게 함 같이 주 여호와께서 공의와 찬송을 모든 나라 앞에 솟아나게 하시리라_사 61:11.

오늘의 기도

매일기도 □ 학부모구호 □

171 6월 20일

> 조국이 위기에 처해 있을 때, 이를 슬퍼하지 않는 자는
> 조국을 사랑하지 않는 자다 _니콜라이 네크라소프

미션스쿨이 이웃사랑의 사명을 감당하길 바라는 기도

온 세상을 사랑하시는 하나님, 미션스쿨이 하나님의 사랑을 전하는 통로가 되기를 원합니다. 무엇보다 하나님의 사랑과 정의를 바탕으로 이웃사랑의 사명을 잘 감당하는 미션스쿨이 되게 하옵소서.

하나님께서 이 땅의 모든 사람을 사랑하신 것처럼, 조건 없이 모든 학생을 받아 하나님의 사랑으로 교육하는 미션스쿨의 정체성을 분명히 하게 하셔서, 학교에서 먼저 교사와 직원, 학생과 학부모 사이에 이웃사랑이 정착되고 실천되게 하옵소서. 또한 이웃사랑을 위한 교육과정이 구체적으로 마련되게 하셔서, 체계적이고 효과적으로 이웃사랑의 계명이 교육되고, 훈련되며, 실천되게 하옵소서.

그래서 미션스쿨에서 배우고 졸업한 모든 학생이 사회 곳곳에서 이웃사랑을 실천하는 운동가요 실천가가 되게 하셔서 그것이 이 땅의 상처와 아픔을 치료하는 치료약이 되기를 원합니다. 이웃 간에 사랑이 가득한 하나님의 나라가 이 땅에 가득하길 원합니다. 예수님의 이름으로 기도합니다. 아멘.

> 그때에 민족들과 나라들이 함께 모여 여호와를 섬기리로다_시 102:22.

오늘의 기도

매일기도 ☐ 학부모구호 ☐

172 | 6월 21일

나라가 없고서 일가와 일신이 있을 수 없고, 민족이 천대를 받을 때에 나 혼자만 영광을 누릴 수 없다_도산 안창호

이단의 학교 설립 확장을 막아 주기를 간구하는 기도

하나님, 올바른 하나님의 나라가 무엇인지 알게 해 주서서 감사합니다. 하지만 우리가 이 땅에 사는 동안 온전한 하나님 나라를 방해하는 요소들이 너무 많음을 고백합니다. 특별히 말씀의 때에는 가라지와 같은 이단과 거짓교사들의 씨앗들이 같이 자라납니다.

엘리야에게 거짓선지자들을 대할 수 있는 담대함을 주신 것처럼 이단 세력에 대항하는 기독교 단체들을 보호하시고, 세력의 확장을 막아 주시옵소서. 특별히 이단 세력들이 학교를 설립함으로써 다음세대를 미혹하고 있습니다. 주님, 교육에 있어 이단 세력이 자신들의 영역을 넓히는 일을 그치게 하여 주시옵소서.

저희들은 힘이 없습니다. 성령 하나님께서 지혜를 주시고 담대함을 주셔서 교육현장을 통한 하나님 나라의 확장을 온전케 지켜 주옵소서. 당신의 자비하심을 우리 자녀들의 학교에 비추사 다음세대에 이어지는 참다운 기독교교육이 확장되어 하나님의 살아 계심을 알게 하옵소서. 예수님의 이름으로 기도합니다. 아멘.

하나님의 나라는 말에 있지 아니하고 오직 능력에 있음이라_고전 4:20.

오늘의 기도

매일기도 ☐ 학부모구호 ☐

173 6월 22일

> 인생은 봉사이다. 성공하게 되는 사람이란 사람들에게 약간의 보답과 더 많은 서비스와 더 좋은 서비스를 하는 사람일 따름이다_스탓트라

인지발달을 위한 기도_초등학생 자녀

우리 한 사람 한 사람을 신묘막측하게 디자인하신 하나님, 우리 자녀를 하나님의 최고의 작품으로 만들어 주셔서 감사합니다. 하나님께서 사랑하시는 아들 예수님을 주실 만큼 우리 자녀가 하나님께 사랑받는 자였음을 기억하게 하여 주시고, 남들과의 경쟁과 비교 속에서 자존감을 잃지 않게 하여 주옵소서. 조금씩 다른 사람의 입장에서 생각하며, 논리적인 생각이 늘어나는 자녀에게 맞는 교육환경을 조성하는 부모가 되기를 원합니다.

학령기에 접어든 자녀가 무거운 학업의 짐과 스트레스에 짓눌리지 않게 하시고, 무엇보다 학업의 목적과 동기를 깨닫게 하시어 빠른 것보다 바른 것을 좇게 하시고, 하나님께서 주신 재능과 달란트를 찾아 하나님과 함께 즐겁게 꿈을 키워 가고 이루어 가는 자가 되게 하여 주옵소서.

우리의 자녀가 상업주의, 물질만능주의, 외모지상주의 등 갈수록 혼탁하고 혼란스러운 세상의 가치관과 세계관에 동화되지 않게 하시고, 말씀에 기반한 튼튼한 기독교세계관을 갖게 하셔서 하나님의 눈으로 세상을 바라보며 하나님의 지혜로 세상을 분별할 줄 아는 자가 되게 하여 주옵소서. 예수님의 이름으로 기도합니다. 아멘.

> 또 이르시되 하나님의 나라는 사람이 씨를 땅에 뿌림과 같으니_막 4:26.

오늘의 기도

매일기도 ☐ 학부모구호 ☐

174 6월 23일

많은 사람을 해방하고 싶다면,
자진해서 많은 사람에게 봉사하여 보라_요한 볼프강 폰 괴테

북한 교육의 변화를 위한 기도

온 민족에게 복음이 전파되기를 원하시는 하나님, 그 복음의 물결이 북한에도 미쳐서 북한 교육이 변화하기를 소망합니다. 유물론과 주체사상을 중심으로 폐쇄적이고 획일적으로 이루어지는 북한 교육이 하나님을 인정하고 하나님이 기뻐하시는 바른 세계관과 가치관, 그리고 교육철학을 중심으로 변화하게 하옵소서.

닫혀 있는 교육의 문이 열리게 하여 주셔서 다른 나라의 교육, 특별히 민주주의 진영의 교육과 교류가 일어나 민주적인 교육이 시작되고 정착되게 하옵소서. 여러 나라의 앞서 가는 교육이 북한에 선한 영향력을 미쳐서 북한 교육이 변화하고 발전하기를 원합니다. 또한 체제와 사상이 바탕이 되는 정치적 교육이 아니라, 사람 자체를 생각하는 진정한 교육이 중심이 되어 교육정책이 개발되고 사업이 추진되게 하여 주옵소서. 하지만 무엇보다, 하나님이 기뻐하시는 기독교적 교육이 영향력이 생겨서 북한 교육이 복음을 중심으로 근본적으로 바뀌게 하옵소서. 예수님의 이름으로 기도합니다. 아멘.

하나님의 나라를 전파하며 앓는 자를 고치게 하려고 내보내시며_눅 9:2.

오늘의 기도

매일기도 □ 학부모구호 □

175 6월 24일   모든 것은 전쟁만으로 해결되는 것은 아니다_손자병법

북한의 기독교교육의 자유를 위한 기도

우리 민족을 사랑하시는 하나님, 주체사상과 유물론에 세뇌당하여 하나님을 부인하는 북한 땅에 종교교육의 문, 무엇보다 참 신이신 하나님을 섬기는 신앙을 교육할 수 있는 문을 열어 주시기를 원합니다. 그래서 사람을 신으로 만들고, 사람을 신으로 모시는 악한 일이 중단되고, 참 신이신 하나님을 배우고, 알고, 인정하고, 섬기는 생명의 역사가 시작되게 하옵소서.

모든 종교를 거부하는 그릇된 사상으로 진정한 사람됨의 길을 잃었을 뿐 아니라, 참 생명을 지닌 기독교를 거부하여 영의 길마저 잃은 북한의 자라나는 세대를 비롯한 모든 사람에게 인간의 유한함을 알려 주시고, 초월자를 향한 겸손한 순례의 길을 떠나게 하는 종교교육이 실시되게 하시되, 모양만 종교교육이 아니라 진정한 영성이 추구되는 교육이 실시되게 하여 주옵소서. 하지만 종교교육이 다리가 되어 결국에는 복음이 심겨지고, 구원이 임하는 기독교 신앙이 자라나서 풍성하게 열매 맺기를 간절히 원합니다. 하나님 나라와 구원의 역사가 북한의 종교교육, 무엇보다 기독교교육을 통해서 이루어지기를 원합니다. 예수님의 이름으로 기도합니다. 아멘.

영원히 야곱의 집을 왕으로 다스리실 것이며 그 나라가 무궁하리라_눅 1:33.

오늘의 기도

매일기도 ☐ 학부모구호 ☐

176 **6월 25일**

과거의 일을 과거의 일로서 처리해 버리면,
우리는 미래까지도 포기해 버리는 것이 된다 _ W. 처칠

북한의 열악한 교육환경을 위한 기도

가난한 자에게 복이 있다고 말씀하신 하나님을 기뻐합니다. 절대 빈곤 속에서 더욱 열악해지는 북한의 교육환경을 불쌍히 여기시고 긍휼을 베풀어 주옵소서. 하나님의 눈길을 북한 땅을 향하여 드사 북한의 교육환경이 개선되게 하여 주옵소서.

북한의 자라나는 세대의 배고픔의 문제를 해결하여 주옵소서. 먹지 못해 생명이 위협받을 뿐 아니라, 계절에 따라 폭염과 혹한 속에서 생명이 위협받는 북한의 학생들을 지켜 주옵소서. 깨끗하지 못한 주거 및 학교 환경의 위험에서도 건져 주실 뿐 아니라, 좋지 못한 환경을 고쳐 주옵소서. 외적인 환경 뿐 아니라 주체사상교육을 통해 어려서부터 영혼이 왜곡되고 오염되는 내적인 환경문제도 바꾸어 주옵소서.

하나님, 북한의 교육환경이 개선되는 일에 한국교회와 기독학부모들을 부르시고 사용하여 주옵소서. 방법이 마련되고, 필요한 재정이 모아지며, 길이 열리게 하옵소서. 예수님의 이름으로 기도합니다. 아멘.

> 이 땅을 위하여 성을 쌓으며 성 무너진 데를 막아서서 나로 하여금 멸하지 못하게 할 사람을 내가 그 가운데에서 찾다가 찾지 못하였으므로 _ 겔 22:30.

오늘의 기도

매일기도 □ 학부모구호 □

 건전한 애국심은 피동적이거나 무비판적인 것이 아니라,
능동적이거나 비판적인 것이다_하롤드 라스키

하나님이 기뻐하시는 통일교육을 위한 기도

막힌 담을 허무시고 둘로 하나를 만드시는 주님의 십자가 사랑을 찬양합니다. 하나님, 우리 민족에게 긍휼을 베푸사 남한과 북한이 한 민족으로 하나님을 섬기는 거룩한 나라가 되게 하옵소서. 그래서 이 민족 어느 곳이나 하나님을 주인으로 모시고 하나님의 뜻에 따라 살아가는 사람들이 가득하기를 원합니다.

하나님의 뜻을 이루는 거룩한 나라가 될 수 있도록 모든 형태의 학교에서 통일교육이 실시되게 하옵소서. 자라나는 세대가 통일의 소중함을 알고, 통일을 위한 바른 의식과 지식, 전문성을 갖추게 하옵소서. 무엇보다 하나님께서 기뻐하시는 거룩한 통일을 준비하면서, 하나님께서 정하신 때가 되면 복음 안에서 성령이 이끄시는 대로 통일의 전 과정을 섬길 기독학생들이 많아지기를 원합니다.

통일교육을 위한 구체적인 교육과정과 교육환경이 갖추어지고, 교사가 준비되되 하나님을 섬기는 사람들이 이 일에 주도권을 갖게 하옵소서. 통일을 위한 교육에 하나님의 생기가 가득하길 원합니다. 예수님의 이름으로 기도합니다. 아멘.

> 다만 너희는 그의 나라를 구하라 그리하면 이런 것들을 너희에게 더하시리라
> _눅 12:31.

오늘의 기도

매일기도 ☐ 학부모구호 ☐

178 6월 27일

> 역사는 사람들을 벌하지 않는다.
> 다만 역사로부터 배우지 않는 자들을 벌할 뿐이다 _러시아 격언

교목 사역의 협력을 간구하는 기도

기쁨과 소망의 하나님, 이 땅의 기독교학교에서 일하는 모든 교목이 기쁨으로 그들의 사명을 잘 감당할 수 있기를 기도합니다. 기독교학교가 교목에게 걱정과 실패, 절망과 갈등의 땅이 아니라, 생명과 사랑의 열매를 얻는 기쁨을 맛보는 복의 땅이 되게 하여 주소서.

하나님, 이 땅의 교육문화가 기독교학교교육과 학원선교의 열매를 맺기에 부족함 없는 생명의 땅이 되게 하옵소서. 뿌려지는 말씀과 전달되는 사랑이 하나도 버려지지 않고, 한 알의 밀알이 되어 많은 열매를 맺으며, 그것이 교목의 기쁨이 되게 하여 주옵소서.

하나님, 이 땅의 교회들이 기독교학교교육과 학원선교를 위한 든든한 동역자로 서게 하옵소서. 교목들이 지치지 않도록 쉼 없이 기도하게 하시고, 그들이 힘을 잃지 않도록 협력하고 후원하게 하시며, 기쁨과 감사를 함께 나누는 기독교학교교육을 위한 동역자가 되게 하옵소서.

하나님, 이 땅의 기독학부모들이 교목의 소중한 동반자가 되게 하옵소서. 우리의 자녀, 이 땅의 청소년을 위해 같은 소망을 지니고 한 곳을 바라보며 함께 나아가는 하나님께서 보내신 소중한 동반자가 되게 하옵소서. 예수님의 이름으로 기도합니다. 아멘.

> 여호와는 모든 나라보다 높으시며 그의 영광은 하늘보다 높으시도다 _시 113:4.

오늘의 기도

매일기도 ☐ 학부모구호 ☐

179 **6월 28일** 타인에게 도움받고 싶은 것을 타인에게도 해 주어라 _영국 격언

'기독' '학부모'(분리형)임을 회개하는 기도

메마른 뼈도 살 수 있겠다 말씀하시고 생기를 불어넣어 주신 하나님, 믿음의 길을 걷고자 하나 날마다 헤매는 우리에게 말씀으로 용기와 새 힘을 주시니 참 감사합니다.

기독학부모의 길을 가겠다고 결단하고 매일 힘차게 살아가고자 다짐하지만, 죄 된 습성에 매인 삶을 한 번에 변화시킬 수 없어 실망할 때가 참 많습니다. 우리의 욕심을 버리고 하나님의 뜻으로 자녀를 양육하고자 하지만, 우리는 종종 자녀에게 신앙도, 학업도 모두 완벽할 것을 요구하면서 자녀를 힘들게 하였습니다. 아이가 즐겁게 신앙생활을 하고, 공부하는 기쁨을 알도록 돕지 못하고 우리의 그릇된 욕심을 내세웠던 것을 용서하여 주옵소서. 신앙 안에서 학업의 길을 잘 펼칠 수 있도록 돕는 '기독학부모'가 되기를 소원합니다.

이제 자녀가 모든 것을 완벽하게 잘했으면 좋겠다는 욕심에 사로잡힌 바람을 하나님 앞에 내려놓습니다. 이 아이가 평생 하나님을 떠나지 않으면서 하나님의 계획 안에서 행복하게 살도록 돕는 진정한 '기독학부모'가 되도록 우리를 인도하소서. 예수님의 이름으로 기도합니다.

> 찬송하리로다 오는 우리 조상 다윗의 나라여 가장 높은 곳에서 호산나 하더라
> _막 11:10.

오늘의 기도

매일기도 ☐ 학부모구호 ☐

180 **6월 29일**

아이들이 늘 당신을 지켜보고 있다는 것을 염려하라
_로버트 풀검

인지발달을 위한 기도_청소년기의 자녀

오늘도 살아 계셔서 역사하시는 하나님 아버지, 우리 자녀의 삶 깊숙이 오늘도 임재하셔서 지키시고 인도해 주심에 감사를 드립니다. 우리 자녀가 영의 눈을 열어 하나님의 동행하심과 일하심을 보게 하시고, 신앙 안에서 삶의 의미와 목적을 찾을 수 있는 자녀들이 되게 하여 주옵소서.

청소년기의 자녀가 고된 학업 중에 있습니다. 자녀들에게 힘과 지혜를 주시고, 학업과 신앙이 분리되지 않게 하시며, 우선순위의 문제에 있어 여호와를 경외하는 것이 그들의 선택과 결정에 가장 큰 기준이 되게 하여 주옵소서. 또한 논리적이고 추상적인 사고가 발달하는 시기이니만큼 자녀의 지적 성장에 함께하여 주셔서, 지식을 자신의 논리와 기독교 세계관으로 잘 받아들일 수 있도록 인도하여 주시옵소서.

자녀의 사고가 확장되는 것만큼 하나님을 이해하는 폭도 넓어지게 하시고, 말씀을 읽을 때에도 자녀의 모든 이성과 감성을 사용하여 하나님을 만나게 하여 주시옵소서. 부모로서 자녀가 지닌 능력을 한계 짓지 않기를 원하며, 예수님의 이름으로 기도합니다. 아멘.

> 네게서 날 자들이 오래 황폐된 곳들을 다시 세울 것이며 너는 역대의 파괴된 기초를 쌓으리니 너를 일컬어 무너진 데를 보수하는 자라 할 것이며 길을 수축하여 거할 곳이 되게 하는 자라 하리라_사 58:12.

오늘의 기도

매일기도 □ 학부모구호 □

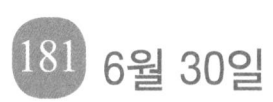

21세기의 리더는 명령하는 자가 아니라 질문하는 자가 될 것이다 _피터 드러커

자녀가 가정의 기독교적인 문화에 젖어들기를 소망하는 기도

이스라엘의 찬송 중에 거하시는 하나님, 우리는 지금 세상 문화가 하나님 나라 문화를 위협하는 현장을 경험하고 있습니다. 우리의 가정도 자녀도 세상의 유혹과 유행, 세상 문화에 노출되어 있으며 그 영향을 받고 있습니다.

그럼에도 불구하고 가정에서 하나님 나라를 경험하게 하는 문화를 통하여 다니엘의 세 친구를 풀무 불 가운데서 지켜 주셨듯이 사랑하는 우리 자녀도 세상의 잘못된 사상과 문화에 물들지 아니하도록 지켜 주옵소서. 가정의 문화를 통하여 자녀가 자연스럽게 하나님을 찬양하며, 하나님의 방법을 선택할 수 있게 하옵소서.

가정 안에서 기독교적인 가치관과 생활습관이 잘 정착되게 해 주시고 이것이 삶의 활력소가 되게 해 주옵소서. 그리하여 가정이 작은 교회로 세워지게 해 주옵소서. 예수님의 이름으로 기도합니다. 아멘.

> 내 이름으로 일컫는 내 백성이 그들의 악한 길에서 떠나 스스로 낮추고 기도하여 내 얼굴을 찾으면 내가 하늘에서 듣고 그들의 죄를 사하고 그들의 땅을 고칠지라
> _대하 7:14.

오늘의 기도

매일기도 □ 학부모구호 □

부록 1
기도예전

기도예전은 매일기도와는 별도로 특별한 날이나 순간들을 위한 기도입니다. 각 기도는 정해진 방법에 따라 매일묵상기도와 함께합니다. 기도예전을 위한 기도들은 다음과 같습니다.

_ 이른 비/늦은 비 축복기도
_ 생일을 위한 기도

이른 비/늦은 비 축복기도 1

개역개정번역

여호와는 네게 복을 주시고
너를 지키시기를 원하며
여호와는 그의 얼굴을 네게 비추사
은혜 베푸시기를 원하며
여호와는 그 얼굴을 네게로 향하여 드사
평강 주시기를 원하노라
_민 6:24-26

새번역

주님께서 당신들에게 복을 주시고,
당신들을 지켜 주시며,
주님께서 당신들을 밝은 얼굴로 대하시고,
당신들에게 은혜를 베푸시며,
주님께서 당신들을 고이 보시어서,
당신들에게 평화를 주시기를 빕니다.
_민 6:24-26

※ 아침에 출근할 때나 자녀를 학교에 보낼 때는 아버지가,
저녁에 자기 전에는 어머니가 축복기도를 합니다.
※ 말씀에 있는 '네, 너, 당신들' 대신 자녀의 이름을 넣어도 됩니다.
※ 두 개의 번역본 가운데 하나를 골라 사용하시면 됩니다.

이른 비/늦은 비 축복기도 2

주님이 그대 앞에 계셔서
그대에게 바른 길 보이시기 바랍니다.
주님이 그대 곁에 계셔서
그대를 팔로 껴안아 지키시기 바랍니다.
주님이 그대 뒤에 계셔서
못된 사람들의 나쁜 계획에서
그대를 보전하시기 바랍니다.
주님이 그대 아래에 계셔서
그대가 떨어지면 받아주시고,
그대를 덫에서 끄집어 내시기 바랍니다.
주님이 그대 안에 계셔서
그대가 슬퍼할 때에 그대를 위로하시기 바랍니다.
주님이 그대 둘레에 계셔서
남들이 그대를 덮칠 때 막아주시기 바랍니다.
주님이 그대 위에 계셔서
그대에게 복 주시기 바랍니다.
이처럼 그대에게 은혜로우신 하나님이
복 주시기 바랍니다.

※ 아침에 출근할 때나 자녀를 학교에 보낼 때는 아버지가,
저녁에 자기 전에는 어머니가 축복기도를 합니다.
※ 기도문에 있는 '그대' 대신 자녀의 이름을 넣어도 됩니다.
※ 위 기도는 독일 개신교 찬송가 뒤에 있는
'길 나서는 이를 위해 복을 비는 기도'를 우리말로 번역한 것입니다.

어린 자녀를 위한 이른 비/늦은 비 축복기도

(머리를 감겨 주거나, 손을 얹어 안수하며)
하나님, 이 아이의 머릿속은
주님을 경외하는 것으로 가득차게 하옵소서.

(얼굴을 씻어 주거나, 손을 얹어 안수하며)
이 아이의 얼굴은 하늘을 바라보며 자라게 하소서.

(입 안을 씻어 주거나, 손을 얹어 안수하며)
이 아이의 입에서 나오는 모든 말은
경건한 말, 긍정의 말이 되게 하소서.

(손을 닦아 주거나, 손을 얹어 안수하며)
이 아이의 손은 사람을 칭찬하고
나눠 주는 손이 되게 하소서.

(가슴을 닦아 주거나, 손을 얹어 안수하며)
이 아이의 가슴에
나라와 민족이 들어서게 하소서.

(배를 씻어 주거나, 손을 얹어 안수하며)
**이 아이의 몸속 기관의 모든 기관, 오장육부는
튼튼하게 강건하게 하소서.**

(성기를 씻어 주거나, 손을 얹어 안수하며)
**결혼하는 날까지 순결을 지켜
거룩한 백성을 자녀로 갖고
행복한 가정을 이루게 하소서.**

(다리를 씻어 주거나, 손을 얹어 안수하며)
**부지런한 다리가 되어
온 나라와 민족을 먹고 살리게 하소서.**

(엉덩이를 씻어 주거나, 손을 얹어 안수하며)
교만한 자리에 앉지 않게 하소서.

(등허리를 씻어 주거나, 손을 얹어 안수하며)
**부모를 의지하지 않고
하나님만을 의지하게 하소서**

※ 아침에 자녀를 깨울 때는 아버지가,
저녁에 목욕시킬 때나 자기 전에는 어머니가 축복해 줍니다.
※ 기도문에 있는 '이 아이' 대신 자녀의 이름을 넣어도 됩니다.

생일을 위한 기도

참 좋으신 하나님,
오늘 하나님이 선물로 주신 자녀 ○○○의 생일을
맞이하게 해 주시니 참 감사합니다.
하나님께서 놀라운 목적과 계획 가운데
○○○를 이 땅에 보내시고,
지금까지 은혜와 사랑으로 돌보아 주심에 감사드립니다.
부족한 부모에게 아빠, 엄마라는 귀한 이름을 주신 하나님,
처음 ○○○를 마주했던 그 설렘과 감사를 잊지 않게 하시고
하나님의 형상인 우리 자녀를
하나님의 눈빛으로 바라보게 하옵소서.
하나님, ○○○가 마음과 뜻과 힘을 다하여
하나님을 사랑하게 하옵소서.
삶의 순간순간마다 창조주 하나님을 기억하게 하시고,
키와 지혜가 자랄수록 하나님과 사람에게 사랑받게 하옵소서.
이 세상의 빛과 소금으로, 착한 행실로
주님께 영광올려 드리는 삶을 살아가며,
거룩한 하나님의 증인으로
주님을 전하는 삶을 살아가게 하옵소서.
부모인 제가 하나님의 뜻대로 자녀를 기르게 하시고
부모로서 자녀들에게 행할 것이 무엇인지 알게 하셔서
자녀를 신앙 가운데 잘 양육하게 하옵소서.
연약하고 부족한 부모의 기도를 들어주실
신실하신 아버지 하나님을 의지하오며
예수님의 이름으로 기도합니다. 아멘.

자녀가 생일을 맞았을 때는 이른 비나 늦은 비 시간에 아래의 기도를 합니다.
물론 두 기도를 함께해도 좋습니다.
그럴 때는 먼저 아래의 기도를 한 뒤 이른 비 또는 늦은 비 기도를 합니다.

부록 2
가정예배

기독학부모의 가정은 매일의 가정예배를 통하여
하나님의 마음과 뜻 아래 가족 구성원이 서로 소통하고 사랑 나누
기를 기대합니다. 5월의 가정예배는 다음처럼 드릴 수 있습니다.

_ 5월의 가정예배 1: 어린이 날
_ 5월의 가정예배 2: 어버이 날
_ 5일의 가정예배 3: 스승의 날

가정예배를 드립시다!!

'기독학부모'는 '기독'이 '학부모'에 스며 있고 '학부모'가 '기독' 안에서 그 분명한 의미와 목적을 발견하는 우리가 진정으로 추구하는 유형입니다. 그래서 '기독학부모'는 기독교적인 관점으로 교육을 바라봅니다. '내 자녀'에게만 초점을 맞추어서 노력을 경주하지 않습니다. '기독학부모'는 이 땅의 교육과 자녀들을 두고 하나님의 마음으로 중보하며 믿음의 실천을 해 나갑니다. 우리는 그 작은 실천의 하나로 각 가정마다 가정예배가 회복되기를 소원합니다.

이를 통해 우리의 가정은 기쁨과 감격으로 예배하는 공동체로 세워지게 될 것이며 여호와 경외교육이 생활과 삶에서 전수될 것입니다.

우리 집 가정예배 세우는 세 걸음

① 첫 걸음: 하루에 20~30분 정도 시간을 확보하세요.
부모님이 원하시는 시간이 아닌, 자녀와 함께 대화하면서 시간을 정하세요. 하루에 한 번이 어려울 경우 우리 가정예배의 시간을 자녀들과 정해봅시다.

② 두 걸음: 각자의 역할을 분담해 주세요.
말씀은 부모 중 한 분이, 기도는 자녀들이 하도록 합니다. 때로는 자녀들이 성경말씀을 나누어도 좋습니다.

③ 세 걸음: 하나님을 예배하는 시간이 되도록 주의해 주세요.
부모님을 설득하여 무엇을 얻기 위한, 자녀들에게 잔소리하는 시간이 되지 않도록 주의하면서 우리 가정을 향한 하나님의 마음을 품고 서로 마음을 열고 기도하며 축복하는 시간이 되도록 합시다.

♪ 찬양 나눔
(5분) —— 다함께

자녀의 연령에 맞는 찬양,
악보를 보지 않고 부를 수 있는
축복의 찬양이면 좋습니다.

📖 말씀 나눔
(5~10분) —— 맡은이

말씀봉독은 자녀가,
말씀선포는 부모가
할 수 있습니다.

♡ 사랑 나눔
(10분) —— 다함께

교회, 학교, 회사에서 있었던 일을
나누며 중보의 시간을 갖습니다.

+ 기도 나눔
(2분) —— 다함께

시리즈 안의
'이른 비 늦은 비 기도'를 사용하셔도
좋습니다.

5월의 가정예배 1 _ '어린이날'에 드리는 예배

★ 때 : 5월 어린이날
★ 장소 : 가족이 편하게 모일 수 있는 곳 (거실, 식탁 등)
★ 활동 : 자녀에게 쓰는 '생기' 편지 나누기

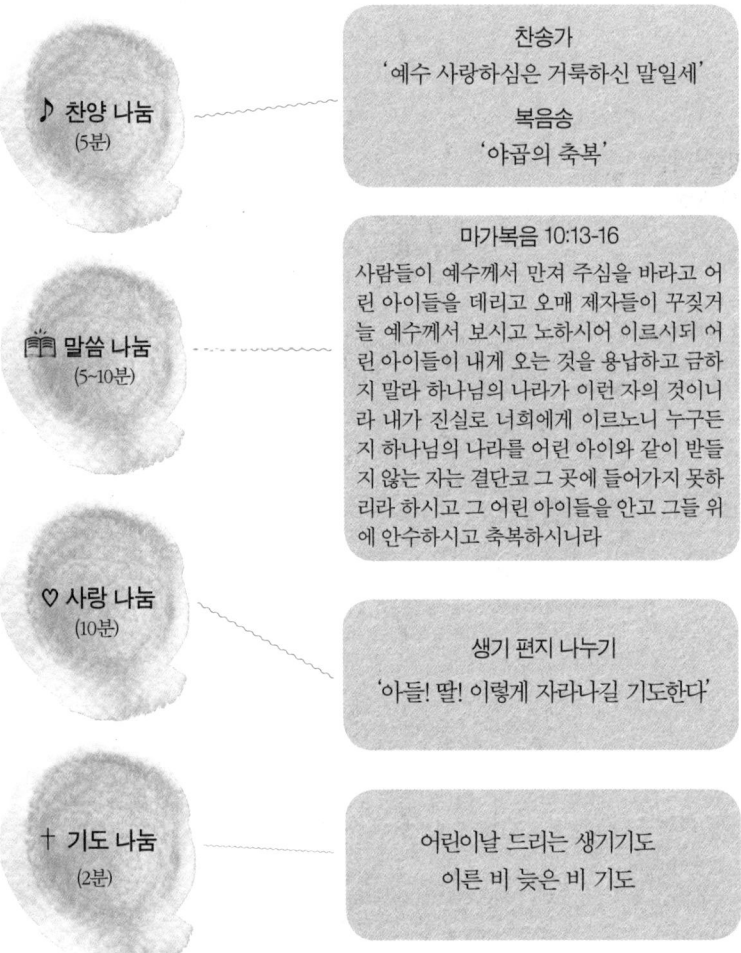

♪ 찬양 나눔
(5분)

찬송가
'예수 사랑하심은 거룩하신 말일세'

복음송
'야곱의 축복'

📖 말씀 나눔
(5~10분)

마가복음 10:13-16
사람들이 예수께서 만져 주심을 바라고 어린 아이들을 데리고 오매 제자들이 꾸짖거늘 예수께서 보시고 노하시어 이르시되 어린 아이들이 내게 오는 것을 용납하고 금하지 말라 하나님의 나라가 이런 자의 것이니라 내가 진실로 너희에게 이르노니 누구든지 하나님의 나라를 어린 아이와 같이 받들지 않는 자는 결단코 그 곳에 들어가지 못하리라 하시고 그 어린 아이들을 안고 그들 위에 안수하시고 축복하시니라

♡ 사랑 나눔
(10분)

생기 편지 나누기
'아들! 딸! 이렇게 자라나길 기도한다'

† 기도 나눔
(2분)

어린이날 드리는 생기기도
이른 비 늦은 비 기도

📖 말씀 나눔

자녀들과 함께 하나님의 말씀을 나눕니다.

많은 사람들을 만나고 사역하신 예수님이 참 피곤해 보입니다. 좀 쉬시면 좋으련만 사람들이 몰려옵니다. 저편에서 웅성웅성하는 소리가 들리고, 사람들은 예수님의 만져 주심을 기대하며 어린아이들을 잔뜩 데리고 옵니다. 성인이 되기 전 사람 수에도 들어가지 않은 어린아이들…. 예수님을 피곤하게 할 것이 분명하기에 제자들이 제지합니다. 그것을 보신 예수님은 화가 나셔서 이렇게 말씀하십니다. "하나님의 나라가 어린아이의 것이며 내게 오는 것을 금하지 말라." 그 이후 예수님은 아이들을 안고 안수하시며 축복하십니다.

이 말씀에 비추어 부모 된 제가 자녀들 앞에서 결심합니다.

먼저, 자녀들이 소중한 사람임을 기억하겠습니다. 단순히 밥을 먹이고 잠을 재우고 옷을 입히는 것에 만족하지 않고 자녀를 귀히 여겨 이름을 불러 주고, 안아 주고, 시간을 함께 보내며 자녀들의 작은 소리까지 귀담아 듣는 부모가 되겠습니다.

또한 부모가 해야 할 중요한 일은 바로 아이들에게 예수님을 알게 하는 것이기에, 기도하며, 예배드리며, 말씀을 읽는 모습을 먼저 보이겠습니다. 경건한 신앙을 자녀들에게 유산으로 남겨 주는 일, 이것이 무엇보다 소중한 것임을 알고 전수하겠습니다. 그리고 축복하겠습니다. 믿음으로 이삭이 야곱과 에서를, 야곱이 요셉의 각 아들을 축복한 것처럼 자녀를 향해 축복의 기도와 축복의 언어를 잘 전달하겠습니다. 불쑥불쑥 튀어나오는 내 능력이 아니라 주님이 주신 힘과 능력으로 자녀들을 키울 수 있도록 하겠습니다. 어린이날, 말씀 안에서 부모가 결심한 것이 흔들리지 않도록 기도해 주시길 소원합니다.

♡ 사랑 나눔

부모가 자녀에게 미리 쓴 편지를 함께 나누면서
축복하는 시간을 가집니다.

+ 기도 나눔

어린이날 생기기도를 함께 드립니다. (48페이지 참조)

5월의 가정예배 2 _ '어버이날'에 드리는 예배

★ 때: 5월 8일 어버이날
★ 장소: 가족이 편하게 모일 수 있는 곳 (거실, 식탁 등)
★ 활동: 어버이날 노래 부르기, '사랑·감사 쿠폰' 만들기

♪ 찬양 나눔 (5분) — 찬송가 '어머니의 넓은 사랑 귀하고도 귀하다' / 기념일 노래 '어버이은혜'

📖 말씀 나눔 (5~10분) — 출애굽기 20:12
네 부모를 공경하라 그리하면 네 하나님 여호와가 네게 준 땅에서 네 생명이 길리라

♡ 사랑 나눔 (10분) — 쿠폰 만들기 '사랑·감사 쿠폰'

† 기도 나눔 (2분) — 어버이날 드리는 생기기도

📖 **말씀 나눔**

자녀들과 함께 하나님의 말씀을 나눕니다.

하나님은 약속의 백성들이 지켜야 할 십계명을 주셨는데, 이는 크게 두 부분으로 구성되어 있습니다. 하나님과 우리와의 관계를 다루는 네 개의 계명, 그리고 인간과 인간과의 관계를 다루는 여섯 개의 계명이 있습니다. 인간관계를 위한 것 중 처음이 바로 '부모를 공경하라'는 계명입니다.

부모를 공경하는 것은 하나님 아버지께서 우리에게 선택사항으로 부드럽게 권면하시는 것도 아닙니다. 이것은 명령하신 것입니다. 이는 성경적 진리이며 하나님의 뜻입니다. 부족한 부모이지만 이 말씀에 비추어 우리 자녀들이 부모님을 공경하면서 얻는 귀한 주님의 축복을 받아 누리길 기도합니다.

공경이라는 것은 '귀히 여긴다'는 뜻입니다. 적극적인 행동뿐 아니라 부모의 말과 마음을 헤아리는 자세도 포함합니다. 자녀로서 부모를 귀히 여기는 마음을 지니며, 삶으로 실천해야 합니다.

부모로서 우리도 자녀를 노엽게 하지 않겠습니다. 그리스도의 말씀으로 양육하도록 하겠습니다. 주님을 주인으로 모시면서 신앙 가운데 부요한 삶을 살아가도록 부모인 제가 먼저 애를 쓰겠습니다. 부모를 공경하면 장수의 복을 얻게 됩니다. 이는 하나님의 약속의 말씀입니다.

어버이날, 부모님들을 기억하며 더욱 사랑하고 존경하고 공경하겠다고 다짐합니다. 또한 우리 생명의 근원이신 살아 계신 하나님 아버지를 더욱 경외하며 사랑하겠습니다.

♡ 사랑 나눔

'사랑·감사 쿠폰'을 만들어 부모님을 축복하고 부모님께 사랑을 표현합시다.

＋ 기도 나눔

어버이날 생기기도를 함께 드립니다. (51페이지 참조)

5월의 가정예배 3 _ '스승의날'에 드리는 예배

★ 때 : 5월 15일 스승의날
★ 장소 : 가족이 편하게 모일 수 있는 곳 (거실, 식탁 등)
★ 활동 : 선생님께 문자 보내기, 편지 쓰기

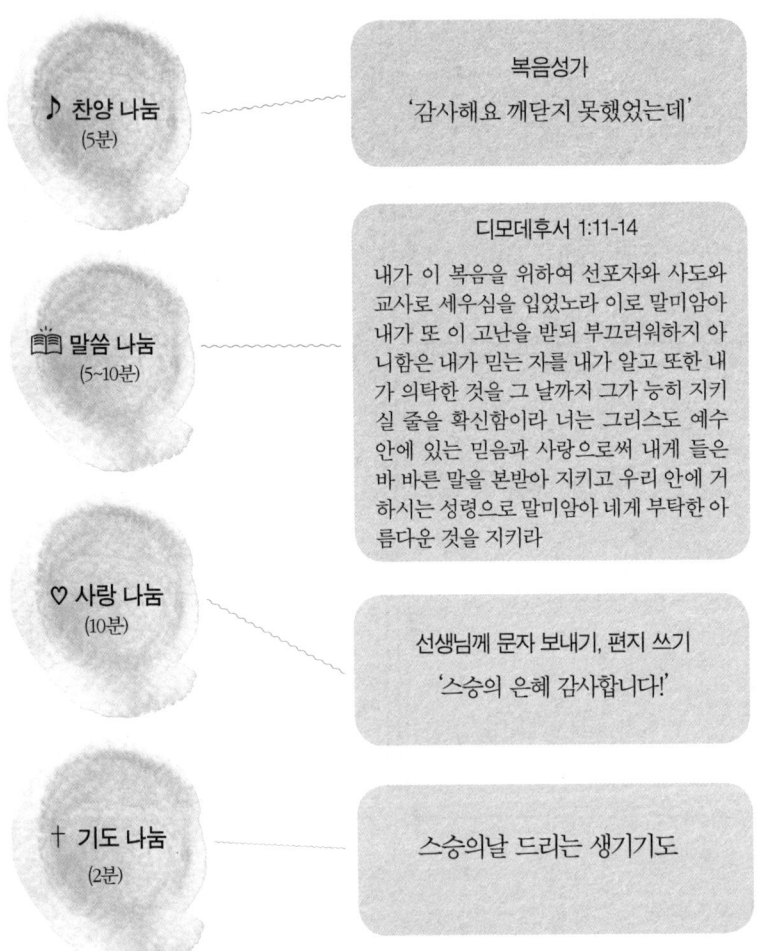

♪ 찬양 나눔 (5분)

복음성가
'감사해요 깨닫지 못했었는데'

📖 말씀 나눔 (5~10분)

디모데후서 1:11-14

내가 이 복음을 위하여 선포자와 사도와 교사로 세우심을 입었노라 이로 말미암아 내가 또 이 고난을 받되 부끄러워하지 아니함은 내가 믿는 자를 내가 알고 또한 내가 의탁한 것을 그 날까지 그가 능히 지키실 줄을 확신함이라 너는 그리스도 예수 안에 있는 믿음과 사랑으로써 내게 들은 바 바른 말을 본받아 지키고 우리 안에 거하시는 성령으로 말미암아 네게 부탁한 아름다운 것을 지키라

♡ 사랑 나눔 (10분)

선생님께 문자 보내기, 편지 쓰기
'스승의 은혜 감사합니다!'

† 기도 나눔 (2분)

스승의날 드리는 생기기도

📖 **말씀 나눔**

자녀들과 함께 하나님의 말씀을 나눕니다.

> 예수님은 교사의 사명이 중요한 것을 알기에 선생이 된 사람이 더 큰 심판을 받는다고 하셨습니다. 최고의 스승이셨던 예수님의 삶을 보아도 얼마나 그 직분이 큰 것인지 알 수 있습니다.
>
> 예수님은 제자에게 진리의 말씀을 가르치는 일에 최선을 다 하셨습니다. 그리고 제자를 끝까지 사랑하고 긍휼히 여기시는 분이셨습니다. 또한 말씀대로 사셨고, 혼자서 기도하시면서 주님의 마음을 헤아리는 일에 최선을 다하셨습니다.
>
> 우리에게도 주위를 둘러보면 스승이 계십니다. 학교에서 우리를 지도해 주시는 선생님, 그리고 말씀을 지도해 주시는 목사님, 전도사님, 그리고 교회학교 선생님…. 주님께서 훈련시키시고 특별한 은혜를 주셔서 교사로 세워 주셨으니 예수님처럼 귀한 사명을 감당하시도록 우리가 중보해야 합니다. 학교와 교회 현장에서 교사의 직분을 감당할 때에 힘과 지혜, 능력과 사랑이 겸비되도록, 가르침의 일에서 지치지 않도록 기도해야 합니다.
>
> 또 선생님들이 가르침의 직분을 귀히 여기고, 두려움과 감사함으로 사명을 감당하며, 성실함으로 사역하도록 중보해야 합니다. 그리하여 학교와 교회 현상에서 선생님과 학생이 서로 존중하고 배려함으로써 다음 세대가 온전히 자랄 수 있기를 중보해야 합니다.
>
> 우리 가족 모두 학교와 교회 선생님들을 무시하거나 쉽게 여겼거나 공경하지 못했다면 우리의 잘못을 주님께 고백하고, 이제부터 선생님들을 더 존경하며, 따뜻하고 예의 바르게 대할 수 있기를 기도합니다.

♡ 사랑 나눔

자녀의 선생님께 마음을 담은 문자나 편지를 가족 모두가 함께 쓰는 시간을 가집니다.

편지쓰기의 원칙

① 편지에 우선 크리스천임을 밝힙니다.
  선생님이 크리스천일 경우 함께 기도할 동역자가 생기는 것입니다. 반대로 아닐 경우 선생님은 학생이 크리스천임을 알고 주의하게 됩니다.

② 자녀의 상태를 정확히 씁니다.
  담임선생님의 학생에 대한 파악은 학생지도에 도움이 됩니다. 동시에 부모님은 담임선생님이 보신 아이의 장·단점을 들을 수 있는 계기가 됩니다.

③ 연락처(집 주소, 전화번호, 이메일)를 적습니다.
  부모님이 선생님과 계속적인 교류를 하고 싶다는 표현입니다.

④ 반드시 우편을 통해 학교로 보냅니다.
  자녀가 편지를 배달하는 것은 부담이 될 수 있고 학생들 사이에 오해의 소지가 있습니다. 우표가 붙은 편지는 디지털 시대를 사는 사람들의 마음을 따뜻하게 만듭니다.

★ 참조 : 『기독학부모교실』(2012, 예영커뮤니케이션)

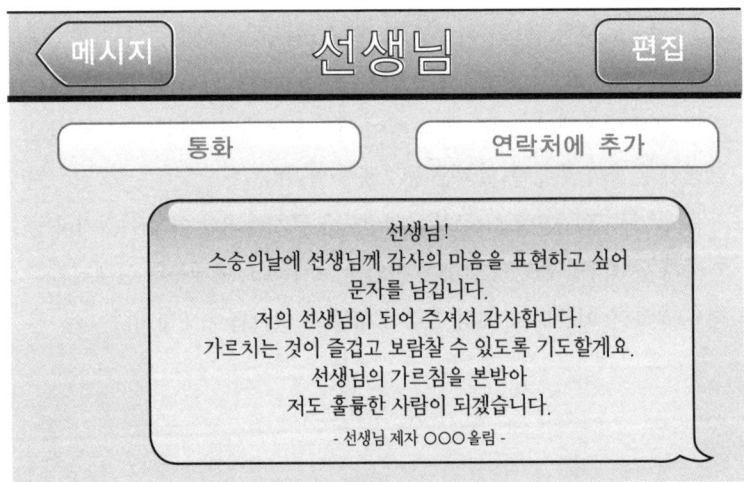

_____ 선생님께

† 기도 나눔

스승의날 생기기도를 함께 드립니다. (58페이지 참조)

Memo

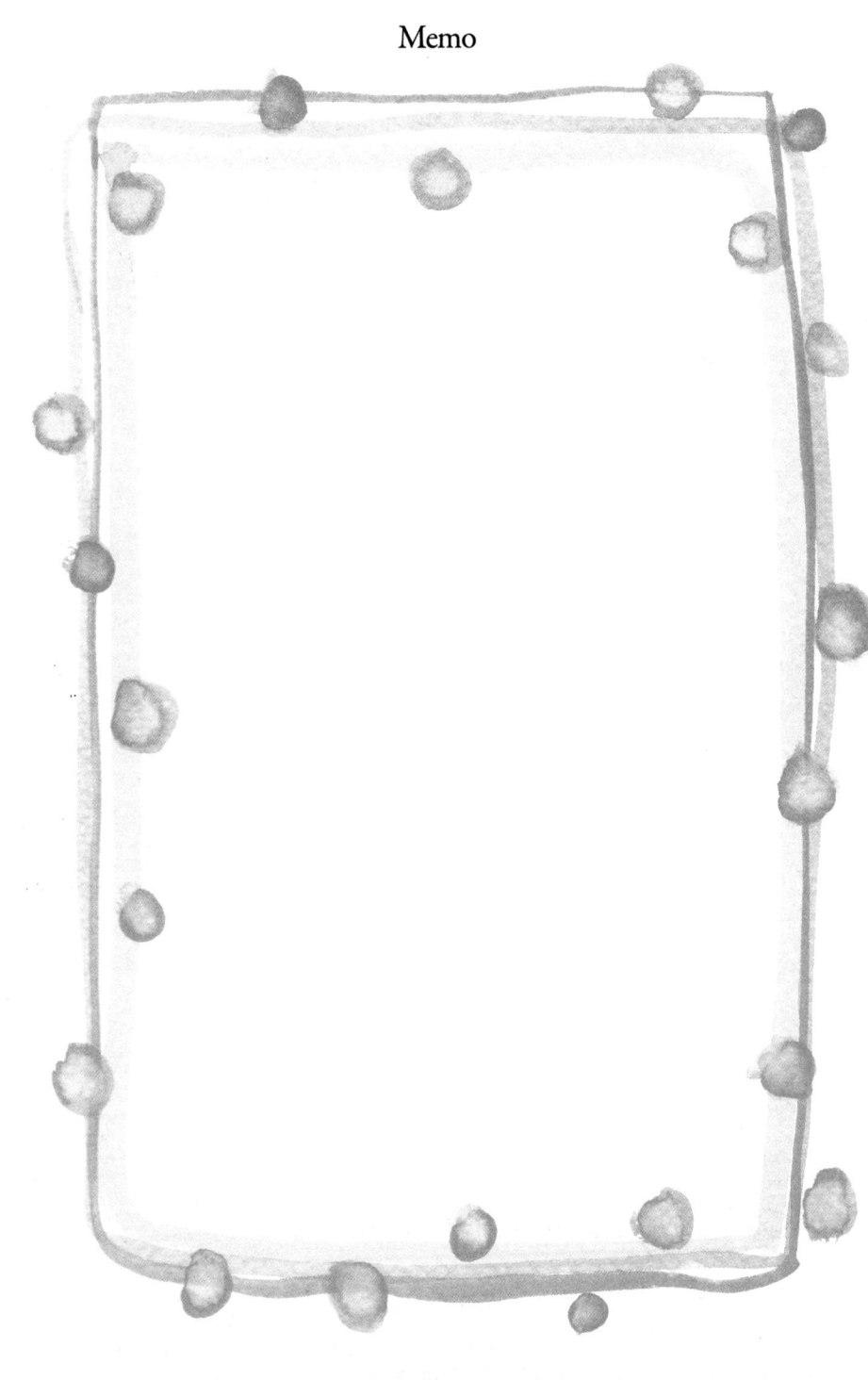

Memo

모든 인간은 하나님의 형상을 닮은 존엄한 존재입니다. 전 세계의 모든 사람들은 인종, 민족, 피부색, 문화, 언어에 관계없이 존귀합니다. 예영커뮤니케이션은 이러한 정신에 근거해 모든 인간이 존귀한 삶을 사는 데 필요한 지식과 문화를 예수 그리스도의 사랑으로 보급함으로써 우리가 속한 사회에 기여하고자 합니다.

기독학부모 기도운동 시리즈 2

생기기도

1판 1쇄 펴낸 날 · 2013년 2월 20일
1판 3쇄 펴낸 날 · 2015년 9월 15일
기획 · 박상진
책임편집 · 노현욱, 도혜연, 신은정
글쓴이 · 김루디아, 김세범, 김세진, 김은미, 김지현, 김현근, 노현욱, 도혜연, 박경성, 박신애, 배윤선, 성지은, 신은정, 윤영근, 이석영, 이종철, 이지원, 최은실 (총 18명, 가나다순)

※ 이분들은 기독학부모교실을 진행한 교회의 교역자 및 사모, 학부모들로 기독학부모운동을 위해 헌신해 주고 계십니다.
※ 본 기도운동 및 기도책자와 관련한 문의는 기독교학교교육연구소로 연락 주시기 바랍니다.
☎ 02-6458-3456

펴낸이 · 원성삼
펴낸 곳 · 예영커뮤니케이션
등록번호 · 제2-1349호(1992. 3. 31)
주소 · (136-825) 서울시 성북구 성북1동 179-56
홈페이지 www.jeyoung.com
출판사업부 · T. (02)766-8931 F. (02)766-8934 e-mail: jeyoung@chol.com
출판유통사업부 · T. (02)766-7912 F. (02)766-8934 e-mail: jeyoung@chol.com

Copyright ⓒ 2013 기독교학교교육연구소

ISBN 978-89-8350-831-7 (04230)
978-89-8350-824-9 (세트)

값 5,000원

* 잘못 만들어진 책은 교환해 드립니다.
* 본 저작물은 저작권법에 의하여 한국 내에서 보호를 받는 저작물이므로 무단 전재와 무단 복제를 금합니다.